JN130348

親子でまなぶ礼儀と作法

小笠原流礼法宗家
小笠原敬承斎

淡交社

はじめに

本書の前身となる拙書『親子でまなぶ　子どもマナーブック』を上梓《じょうし》してから15年が過ぎ、初心に戻り、親御様とお子様へ向けての書籍をつくりたいという思いに駆《か》られました。その大きな理由は、社会全体で、日本人が本来持っているはずの相手や周囲に対するこころの動きが薄《うす》らいでいることに懸念《けねん》が深まっているからです。

朝起きたら「おはようございます」。

お食事をいただく前には「いただきます」。

家を出るときには「行ってまいります」。

ドアを開けていただいたら「ありがとうございます」。

忘れ物をしてしまったら「申し訳ございません」。

帰宅したら「ただいまかえりました」。

このような日常のなかで用いる頻度《ひんど》の高い挨拶《あいさつ》や感謝のことばですら、希薄《きはく》になってしまっている昨今において、日本人としてのこころを取り戻すことのできる、最も大切な場所はご家庭です。

なぜ正しい姿勢が必要なのか。

なぜ挨拶は大切なのか。

なぜ正しい箸遣いが求められるのか。

「なぜ」の理由を知ることによって初めて、真の作法を身につけることができます。

作法の理由を理解すると、相手の立場でものごとを捉《とら》えることが可能となり、ゆえに思いやりを育むことへと繋《つな》がります。

礼儀作法のすべては、相手を大切に思う「こころ」から発せられます。その「こころ」を作法、すなわち「かたち」に表現することによって、礼法は成り立ちます。

さて、着物の仕立てが狂わないようにとしつけ糸が用いられますが、躾《しつけ》はこのしつけ糸になぞられて考えられることがあります。ご家庭における躾は、お子様の未来を明るい方向へと導くためには欠かすことができません。

一方、礼法は年齢を問わず、学び始める時点から身につけることができます。親御様とお子様がともに学び、身につけていくことは、素敵なおこころがけではないでしょうか。

「こころ」と「かたち」、どちらも楽しく学んでいただくことが叶いましたら幸甚に存じます。

1章

基本の所作

1 正しい立ち方の基本

すべての動作の基本は、「正しい姿勢《しせい》」からはじまります。小笠原流礼法では、正しい姿勢をこころがけることを「胴《どう》づくり」と呼び大切にしています。ここではまず正しい立ち方の姿勢をまなんでいきましょう。

▼女の子の場合

目はキョロキョロと動かさないようにします。

あごが出ないように意識し、口は軽くとじましょう。

下腹をつき出さないように、おへその下あたりを意識しながら呼吸をととのえます。

指は、親指と小指でほかの指を軽くしめつけるようにして少し丸みを持たせて、手元がきれいに見えるようにしましょう。

背すじは、背骨が腰につきささるようなイメージで上体を上にのばします。

両手は指をそろえ、体の横に自然におろします。

両足は平行にそろえ、つま先もそろえます。

重心は、頭の重さが足のうら(土ふまず)に落ちるようなイメージです。

▼男の子の場合

目はキョロキョロと動かさないようにします。

あごが出ないように意識し、口は軽くとじましょう。

下腹をつき出さないように、おへその下あたりを意識しながら呼吸をととのえます。

指は、親指と小指でほかの指を軽くしめつけるようにして少し丸みを持たせて、手元がきれいに見えるようにしましょう。

背すじは、背骨が腰につきささるようなイメージで上体を上にのばします。

両手は指をそろえ、体の横に自然におろします。

両足は平行にそろえ、左右のかかとをつけてつま先だけ少し開きます。

重心は、頭の重さが足のうら(土ふまず)に落ちるようなイメージです。

2

正しい歩き方

正しい歩き方も動作の基本です。
正しい歩き方を身につけることは、
すこやかな体をはぐくむことにもつながります。

正しい姿勢を保ちながら歩くようにこころがけます。

視線は、室外ではほぼ水平に、室内では2～3メートル先に落とします。

手は、自然に軽くふりましょう。

ひざは、大きく曲げすぎないように。

左右の足で1本の線をはさむようなつもりで歩きます。

前足は、かかとから下ろします。歩幅《ほはば》は室内ではせまくしましょう。

3 正しい椅《い》子《す》の座り方

椅子に座るとき、また椅子から立ち上がるときは、「下《げ》座《ざ》」側からおこなうことが基本です。この基本を忘れずに、手順を追っていきましょう。またこれらの動作は「1、2、3」のリズムで流れるようにおこないましょう。

▼正しい椅子の座り方

あごを引く。

背すじをのばす。

両手は指をそろえ、軽く丸みをもたせ、ももの上にハの字に置きます。

椅子には深く腰《こし》かけないように。

女の子はつま先・ひざをつけること。男の子はつま先・ひざの間をすこし開きます。

▼椅子に座る動作の基本

1

椅子の横（下《げ》座《ざ》側）に立ち、外側の足を一歩前へ。

2

内側の足を椅子の正面へ出し、重心をそちらに移動させます。

3

椅子の正面で両足をそろえます。

4

背すじをのばしたまま、静かに腰を落とします。

＊下座……同席者から遠い側、もしくは出入口に近い側のこと。

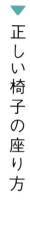

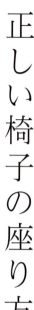

椅子から立つ動作の基本

1

真上にのび上がるような
気持ちで立ちます。

2

下座《げざ》側の足を、肩《かた》はばの広さくらい
真横に出します。

3

椅子の前に残っている足を
椅子のわきまで引き、最後に足をそろえます。

4 立《りつ》礼《れい》の基本

ふだんよく使われるのがこのおじぎ（立礼《りつれい》）です。幼いころに身につけておくと、大人になってからでも自然で美しいおじぎができます。ことばに出さなくても、おじぎを通じて相手を大切に思っている気持ちを伝えられるよう、こころをこめておこないましょう。

▼会《え》釈《しゃく》

1　2

ふだんの生活でよく使うおじぎです。15度程度、上体をかたむけます。角度は浅いおじぎですが、軽々しくならないようていねいにおこないます。

▼浅《あさ》めの敬《けい》礼《れい》

1　2

両手の指先がももののつけ根とひざ頭《がしら》の中間にくるくらいまで、30度程度、上体をかたむけます。

【基本の姿勢】

正しい姿勢で立ち（8ページ）、腰《こし》をすえておこないます。

息を吸いながら上体をかたむけ、動きが止まったところで息をはき、息を吸いながら上体を起こします。これを「礼三息《れいさんそく》」といいます。

また、頭・背すじ・腰が一直線になるように、上体を腰からたおしていきます。頭だけを無理に下げないよう注意しましょう。

おじぎをしたあと、元にもどってからすぐ次の動作に移るのではなく、ゆとりをもって相手にこころを残します。これを「残心《ざんしん》」といいます。

深めの敬《けい》礼《れい》

2

1

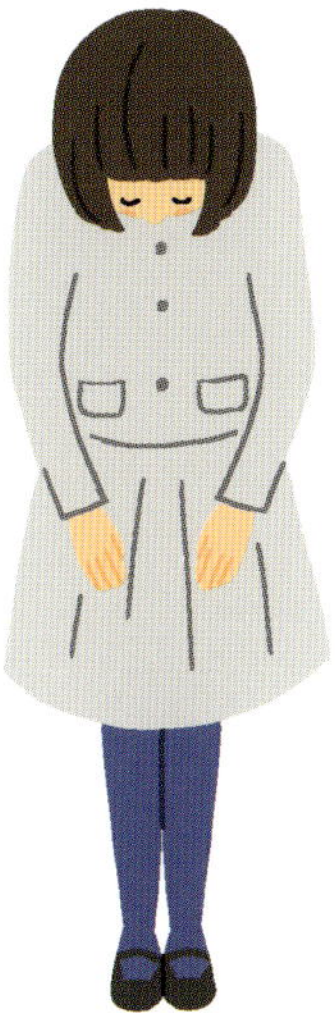

両手の指先がひざ頭につくくらい、45度程度、上体をかたむけます。

最《さい》敬《けい》礼《れい》

2

1

儀式《ぎしき》の礼です。直角に近いくらい上体をかたむけます。最初は無理なく、自分ができる範囲《はんい》の最高の深さで、こころをこめておこないましょう。

日本において、あいさつではおじぎを交《か》わしますが、西洋の文化では握手《あくしゅ》であいさつをすることがあります。最近は日本においても握手をする機会が増えていますので、正しい握手の仕方をおぼえておきましょう。

握手は右手でおこないます。親指をのぞく4本の指をつけて握《にぎ》りますが、親指に力を入れすぎないように注意します。握るときの力や手のぬくもりで思いが伝わりますので、相手が男性の場合はしっかりと握ります。相手の目を見て笑顔も忘れないようにしましょう。握手のときに先に手をさしのべるのは、目上《めうえ》の方、年上の方、女性からが基本です。

5 公共の場でのふるまい

電車やバスはもちろん、図書館や映画館などの公共の場では、ふるまいに加え、音を出すことが迷惑《めいわく》になる場合もあります。自分たちのことばかり考えるのでなく、まわりの方へのこころづかいを忘れないようにしましょう。

かさやカバンのあつかい

かさは、むやみにふりまわしたりしないようにしましょう。

電車やせまい場所を通るときは、自分の使用するスペースができるだけせまくなるようにとこころがけて荷物をもちましょう。

ろうかなどせまい場所ですれちがうときは、いったん立ち止まって、相手のほうを向いておじぎをするとていねいです。相手に背は向けないようにしましょう。

2章

和室の作法

6 正しい正座《せいざ》のしかた

正座をする機会が減《へ》っていますが、だからこそ美しい座り方を身につけておきたいものです。座るときや、座っている状態から立ち上がるとき、体が前後左右に動いてしまうと美しくありません。無駄《むだ》な動きはおさえるようにこころがけましょう。

正しい正座の姿勢

「胴《どう》づくり」(8ページ)をします。立った姿勢と同じように、腰《こし》から上をまっすぐのばします。

上体が前にかたむかないように腰《こし》をしずめます。無駄《むだ》な動きをできるだけおさえるようにします。

舌を口蓋《こうがい》(口の中の上側)につけると口元がしまり、自然にあごを引くことができます。

かかとに全体重がのらないようにします。

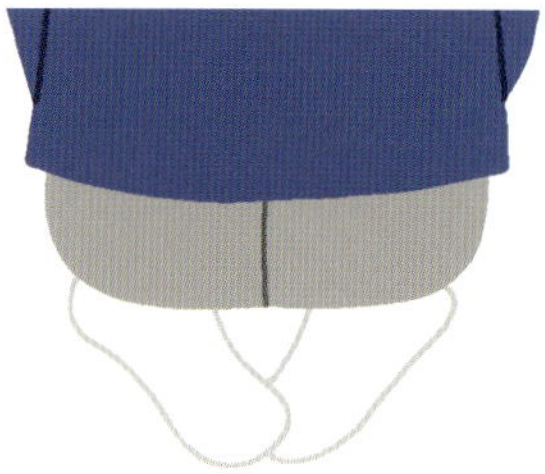

両手はふくらみをもたせて指をそろえ、ももの上で「八」の字に置きます。

足の親指は、3、4センチ重《かさ》ね合わせます。どちらの親指が上でもかまいません。

女の子は両ひざを合わせますが、男の子はこぶし1つほど空《あ》けることが基本です。

座り方

1

正しい姿勢で立ちます。

2

下座側《げざがわ》の足を半足ほど引いて、両ひざを折り曲げます。

3

引いた足、反対側の足の順でひざをつけます。

4

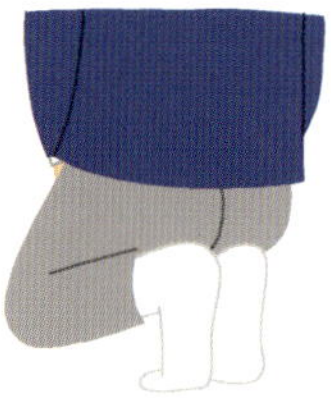

つま先を立てたまま、腰《こし》を落とします。これを「跪座《きざ》」といいます。足をねかせるようにおろして正座をします。

跪《き》座《ざ》の姿勢

正座で足がしびれた場合も、いったん跪《き》座《ざ》になり、しびれがおさまるまで待つとよいでしょう。これは失礼にはあたりません。

つま先を折り立てて座った状態です。上体が前後にかたむかないようにします。

左右のかかととつま先の間をぴったり合わせます。その真上に腰《こし》を落ち着かせるようにしましょう。

立ち方

1

正座から跪《き》座《ざ》に移ります。

2

下《げ》座《ざ》側《がわ》の足を半歩ほど前に出します。

3

上体をゆらさないようにして立ち、足がのびきるまでに後ろの足を前へ運びます。

4

足をそろえて、正しい姿勢で立ちます。

7 座《ざ》礼《れい》のしかた

座りながらおこなうおじぎのことを「座礼」といいます。立礼《りつれい》（12ページ）にくらべると種類が多くあります。このうち、日常でよく使う4種類を紹介します。

▼指建礼《しけんれい》

お茶菓子をさしあげたり、それを受け取るときなどにおこなうおじぎです。
指を軽くのばして自然にひざのわきにおろします。指先は少し畳《たたみ》につくほどです。このとき、指はそろえ、そらないように気をつけましょう。

▼折手礼《せっしゅれい》

あいさつの口上《こうじょう》を述《の》べるときや、大切なものを拝見《はいけん》するときなどにおこなうおじぎです。
手は両ひざのわきにおろし、手のひらが畳《たたみ》につくまで上体をかたむけます。指先はひざ頭《がしら》と一直線に並びます。

【基本の姿勢】

からだの重心を中心にすえて、前後左右へかたむかないよう正しい正座をし、「胴《どう》づくり」（8ページ）をします。

立った姿勢と同じように、腰《こし》から上をまっすぐのばします。

上半身を前にかたむけるときは、ももの上の手をももの横わきへとすべりおりるように移動させましょう。

上半身の角度によって、手の位置も自然と前へと進みます。

上半身と、うでの動きを連《れん》動《どう》させるようにこころがけましょう。

拓手礼《たくしゅれい》

身分が高い方にあいさつするとき、折手礼《せっしゅれい》と同じように用いることがあります。
折手礼よりも両手が前に進み、手首とひざ頭《がしら》が並びます。

双手礼《そうしゅれい》

深い尊敬《そんけい》のこころ、感謝のきもちをあらわすおじぎです。

拓手礼《たくしゅれい》よりもさらに上体をかたむけます。このおじぎは、時と場合によって礼の深さがことなります。

8 膝行《しっこう》、膝退《しったい》について

畳《たたみ》の上では、座ったまま移動する方法があります。前に進むことを「膝行《しっこう》」、後ろに下がることを「膝退《しったい》」といいます。畳一枚ほどの距離《きょり》であれば、この姿勢で移動ができます。

基本の姿勢

両手をにぎり、親指を立てるようにして両ひざのわきへ置きます。この時、手がひざ頭《がしら》より前に出ないように注意しましょう。

動くときは、上体を上下させたり、体を前後左右にゆらさないようにします。

膝行《しっこう》

1

両手はひざ頭《がしら》より前に出ない位置に置きます。

2

ひざの先をわずかに浮《う》かしながら、前に進みます。

膝退《しったい》

両手を体のわきに置き、ひざ先をわずかに浮《う》かしながら下がります。下がったとき、両手の位置はひざ頭より前に出ないところで止めます。

両手をにぎるときは、親指を立て、残り4本の指はにぎりこみます。

9

座《ざ》布《ぶ》団《とん》の座り方

和室では、座布団が用意されていることがあります。それは、「やわらかいものに座って心地よく過ごしていただきたい」というこころづかいからのものです。お客の立場としては、その気持ちを受け止めるようなふるまいがもとめられます。

▼座布団の後ろから入る

1

座布団の後ろに座り、跪座《きざ》の姿勢になります。

2

下座《げざ》側（ここでは向かって右）のひざを座布団にのせます。

3

もう一方のひざを進め、両ひざを座布団の端《はし》にのせます。

4

体のわきに手をついて、膝行《しっこう》します。

5

何度か膝行《しっこう》して、座布団の中央に進みます。

6

すその乱《みだ》れを直して、正しく座ります。

【基本の姿勢】

座布団は足のうらでふみつけたり、勝手に位置を動かしてはいけません。また、あいさつをするときは座布団からおりておこないます。

座布団へは、後ろから入る場合と横から入る場合があります。どちらの場合も、跪座《きざ》の姿勢から膝行《しっこう》して、徐々《じょじょ》に座布団に入っていきます。

まずは後ろから入る場合をみていきましょう。

座《ざ》布《ぶ》団《とん》の横から入る

1

座布団の下《げ》座《ざ》側《がわ》の横に座ります。

2

座布団に対してななめに向いてから跪座《きざ》の姿勢をとり、ひざを座布団にのせます。

3

膝行《しっこう》して、座布団の中央に進みます。

4

手をついて体を支えながら座布団に入ります。

5

体のわきに手をついて、体を正面に向けます。

6

すその乱《みだ》れを直して、正しく座ります。

10 和室の正しい歩き方

どのような場合でも、正しい姿勢で美しく歩くことの大切さは変わりませんが、畳《たたみ》の上を歩く和室では、とくに正しい作法で歩くことが求められます。

基本の姿勢

正しい姿勢を保《たも》ちながら歩くようにこころがけます（9ページ）。
視線は室内なので2～3メートル先に落とします。歩幅《ほはば》も室内ではせばめます。
足は上げすぎず、畳《たたみ》をややこすって音が出るくらいのイメージで歩きます。
ひざは大きく曲げすぎないようにします。
左右の足で一本の線をはさむように歩きます。
手は大きくふらず、ももに軽く置いたまま歩きます。

畳《たたみ》のへりはふまないように

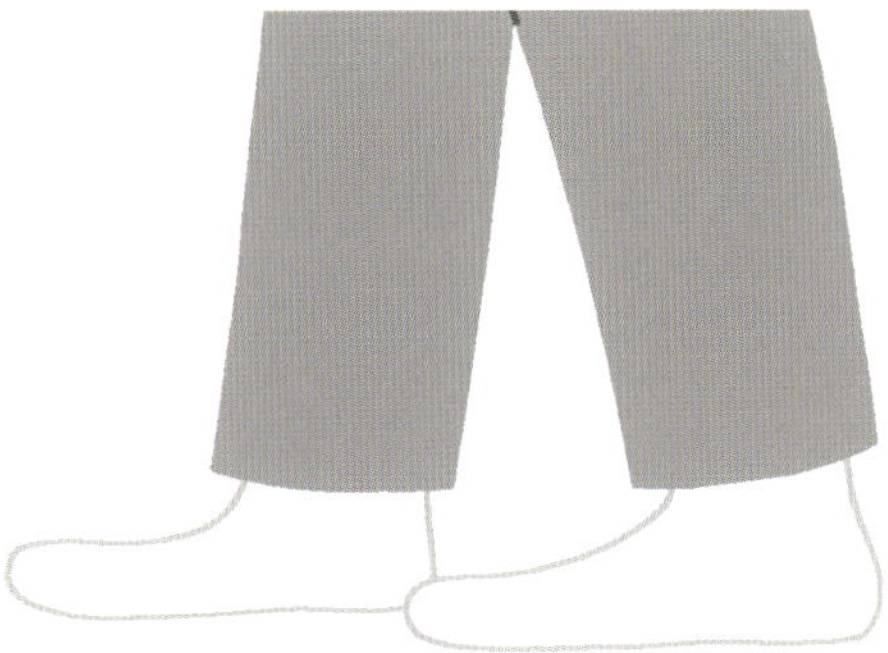

和室では、畳《たたみ》のへりをふんで歩かないようにこころがけることが基本です。
へりは傷《いた》みやすいところで、ふみ続けるとゆがんでしまうおそれがあるからです。
また、へりはその家の家紋《かもん》（先祖代々伝わるその家独《どく》特《とく》の紋章《もんしょう》のこと）が入ることもある大切な場所でもあるので、へりをふむことは失礼とも考えられています。

11 正座《せいざ》での方向転換《ほうこうてんかん》のしかた

正座の姿勢から方向転換をする方法をご紹介します。女性と男性、二通りありますが、かならずしも性別によってまわり方が限定《げんてい》されるわけではありません。

▼女性の場合

1

正しい姿勢で正座をします。

2

跪座《きざ》の姿勢に移ります。

3

左に方向転換する時は、かかとをつけたまま、左足のつま先を左に開きます。

4

左足のひざを少し浮《う》かして、そのひざを右ひざで押すようにして、ゆっくり向きを変えます。

5

向きを変えた後、前に出した逆のつま先に力を入れ、立ち上がるまでの間に足をそろえます。

この方法は、小さな角度でまわるときの方向転換《ほうこうてんかん》のしかたです。スカートなど、すその開きが気になる時に使うとよいでしょう。

男性の場合

1

正しい姿勢で正座をします。

2

跪座《きざ》の姿勢に移ります。

3

左に方向転換する時は、右足を少しふみ出し、そのひざで左のももを押すようにして体を回転させます。

4

まわっている途中から左ひざが上がり、右ひざは下がり始め、まわり終えると、最初とは反対に左ひざが浮き、右ひざは下がった状態になります。

この方法は、大きな角度でまわるときの方向転換のしかたです。スカートなどのすそを気にする必要がない場合、女性が用いることもあります。重心の軸《じく》を動かさず、体の安定を保《たも》ちながら、一定の速さでまわるようにいたしましょう。

12 立っている時の方向転換《ほうこうてんかん》のしかた

▼引いて90度まわる

1

2

右足を引き、方向転換するほうへそのつま先を向けます。

3

右足に左足をそろえます。

▼引いて180度まわる

1

右足を90度の角度で後ろに引きます。

2

左足を180度回転させて、つま先を逆に向けます。

3

左足に右足をそろえます。

かけて90度まわる

1

左足を右足のつま先にかけるようにして、転換《てんかん》する方向へ向けます。

2

左足に右足をそろえます。

かけて180度まわる

1

左足を右足のつま先にかけるようにして、右に90度向けます。

2

右足を180度回転させて、つま先を逆に向けます。

3

右足に左足をそろえます。

和室だけでなくふだんからも使える、立っている時の方向転換《ほうこうてんかん》のしかたをご紹介いたします。

立って方向転換するには、「引く」と「かける」の二種類の方法があります。

どちらも途中、足が「T」の字の形をつくります。これが「イ」「L」の字などにならないよう、きれいなTの字型になることをこころがけましょう。

また、左右の足を離《はな》さないことで、美しい印象を与えることができます。

また、すべての作法に共通することですが、「自分の体が使う空間」を最小限にするようこころがけることも、美しくふるまうポイントの一つです。

いずれの場合も、状況により逆の足を引く、またはかけて方向転換をいたします。

コラム　ことば遣《づか》い1

ことば遣《づか》いは、なぜ大切なのでしょう。

昔から「言霊《ことだま》」といって、ことばには目には見えない不思議な力があると考えられてきました。同じ意味を持つことばであっても、どのことばを用いるかによって印象が異なります。

また、美しいことば遣いは、正しい敬語《けいご》を覚えることだけでは不十分です。声の音量、速度、イントネーションなどによって気品が生まれます。優しい表情で、こころをこめて話すようにすることが大切です。

ここではお子様に、特に日常生活のなかで積極的に用いていただきたいと思うことば遣いをご紹介いたします。

はい

元気な声で返事をするだけで、その場が明るくなります。

「はーい」とことばを延ばすことや、こころがこもっていない返事は、いい加減さや冷たい印象を与えてしまう可能性があります。

短いことばほど、丁寧さをこころがけることが大切です。

おはようございます、おやすみなさい

朝起きたときや夜寝るときの挨拶は、毎日の生活で欠かすことができません。

単に「おはよう」「おやすみ」だけでなく、家族の間でも「おはようございます」「おやすみなさい」と伝えましょう。

こんにちは、こんばんは

「おはようございます」とともに、近所の方、学校や塾の先生、お友達など、あらゆる方へのご挨拶《あいさつ》で用いられることばです。

ありがとうございます、申し訳ありません（ごめんなさい）

感謝やお詫《わ》びの気持ちは、思っているだけでは相手に伝わりません。

声に出して伝えましょう。

行ってまいります（行ってきます）、ただいま帰りました

出かけるとき、帰宅するとき、おとなになっても忘れたくない挨拶のことばです。

いただきます、ごちそうさまでした

お料理をいただくときには、食材の命、食材を運んでくださる方、お料理をしてくださる方など、たくさんの方々にお世話になっていることを忘れてはなりません。

食事をする前と後の挨拶は、感謝を込めて行うことが大切です。

3章

訪問の作法

13 ふすまの開《あ》け閉《し》め

和室のふすまはカギもなく、だれでも簡単に出入りできるもの。だからこそ、出入りのさいには、中にいる方々への細《こま》やかなこころくばりが大切です。

▼ふすまを開ける

1

引き手に近いほうの手を引き手にかけて、5、6センチほど開けます。これは、「これから入ります」ということを相手に伝える意味もこめられています。

2

引き手にかけた手を、ふすまの縁《ふち》に移します。

3

ふすまの縁《ふち》にそって、その手をおろし、ふすまの下の木枠《きわく》（敷居《しきい》）から15センチほど上で止め、開け始めます。

4

その手が体の正面に来るところまでふすまを開けます。

5

（室内から見た図）

6

手をかえて、体が通る程度まで開けます。

ふすまを閉める

1

出入口の前に正座をします。

2

ふすまに近い手で、下の木《き》枠《わく》（敷《しき》居《い》）から15センチほど上のところでふすまの縁《ふち》を持ち、閉め始めます。

3

その手が体の正面に来るまでふすまを引きます。

4

反対の手に持ちかえます。

5

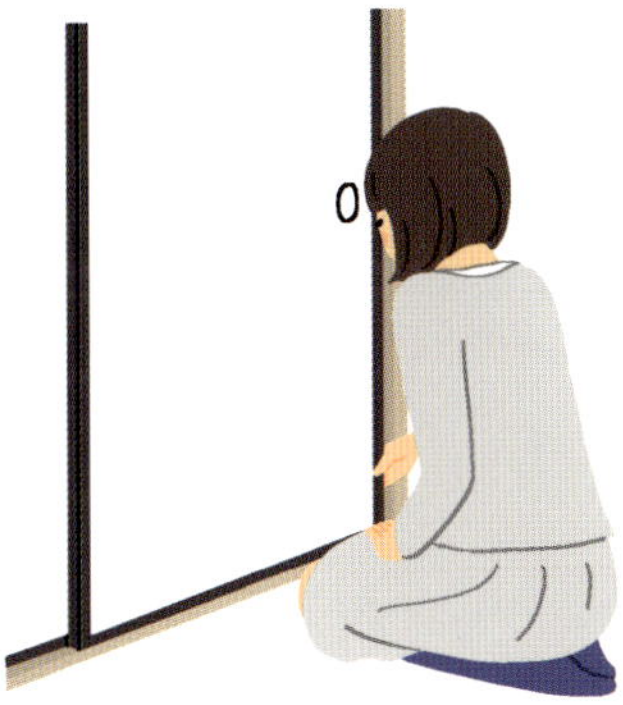

残り5〜6センチほどのところまでふすまを閉めます。

6

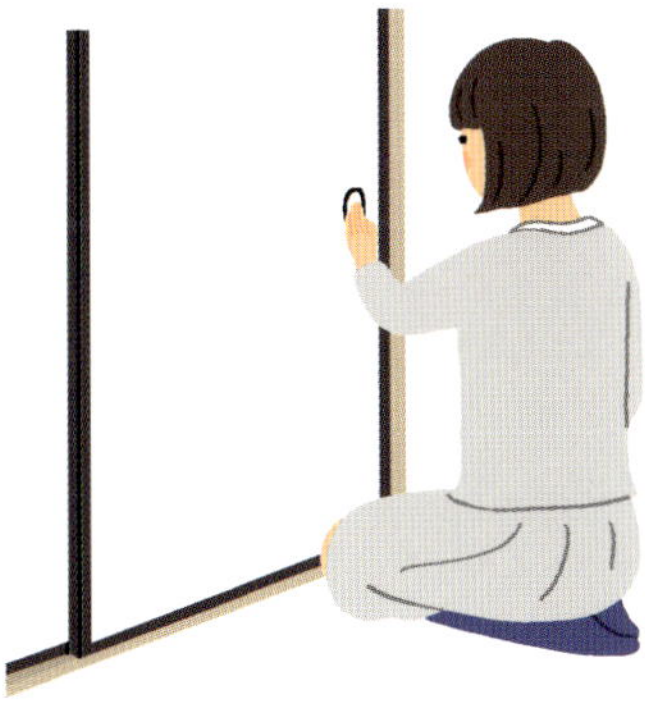

逆の手を引き手にかけ、ふすまを完全に閉めます。

14 ドアの開《あ》け閉《し》め

自分が「お客さま」として訪問《ほうもん》するときにドアを雑《ざつ》にあつかうことは、まねいてくださった方に対してとても失礼にあたります。また、お客さまをご案内するときは、自分が先導《せんどう》して開け閉めをする必要があります。それらの所作《しょさ》のポイントは次の通りです。

▼押し開きのドアの場合

まずドアを開けて部屋の中に入り、お客さまをまねき入れます。ドアの向こうにまわるさいにも、お客さまに背中を見せないようにこころがけましょう。

▼引き開きのドアの場合

まずドアを開け、部屋の外でドアを押さえておき、お客さまを先に部屋にお通しします。

ドアを開けて部屋に入るときは、かならずノックをして、中から「どうぞお入りください」と返事が聞こえてから開けるようにします。返事がない場合はすぐに開けず、しばらく待ちましょう。

閉めるときは、途中でノブをはなすと雑《ざつ》に見えてしまうので注意しましょう。

15

玄関先《げんかんさき》でのふるまい

お友だちや親《しん》せきの家を訪《たず》ねるなど、ほかの方の家に入る機会や、どなたかを家にまねく機会があるでしょう。そのようなときにそなえて、ふだんの生活の中で、好ましいふるまいを身につけておくことが大切です。


玄関《げんかん》前に到着《とうちゃく》したら、まず、外でコートやマフラーなどの防寒具《ぼうかんぐ》を外しましょう。

これは、室内に外のほこりをもちこまないという相手へのこころづかいからです。

脱《ぬ》いだものは片手にまとめて持ちます。

さらに、くつの汚《よご》れや髪《かみ》の毛など、身だしなみをととのえてから、チャイムを鳴らします。

むかえる側のふるまい
相手をお待たせしないように、すばやく玄関に出て、下座《げざ》側で出むかえ、簡単にあいさつをかわします。

16 くつの脱《ぬ》ぎ方、そろえ方

玄関でくつを脱ぐとき、ポイントとなるのは相手に「背を向けない」ということ。むかえてくださった方に失礼なので、入ってきた方向のまま、くつを脱ぐようにしましょう。

1

下座側《げざがわ》の足からくつを脱いで、上がります。

2

両足をそろえます。

3

下座側の足（ここでは右側）を左足にかけます。

4

左足を少し引き、体の向きを下座よりに変えます。

5

引いた左足に右足をそろえ、相手に背を向けないように、ややななめに向きます。

6

跪座《きざ》の姿勢になってから、くつの向きを変えます（くつを下座側によせることもあります）

17

上《じょう》座《ざ》と下《げ》座《ざ》について

お客さまがいらしたとき、部屋のどこにお通しすべきか、自分はどこに座るべきか、わからないこともあるでしょう。

そのようなとき、この「上座」と「下座」という考え方を知っておくと役立ちます。

和室の上座・下座

【床《とこ》の間《ま》】

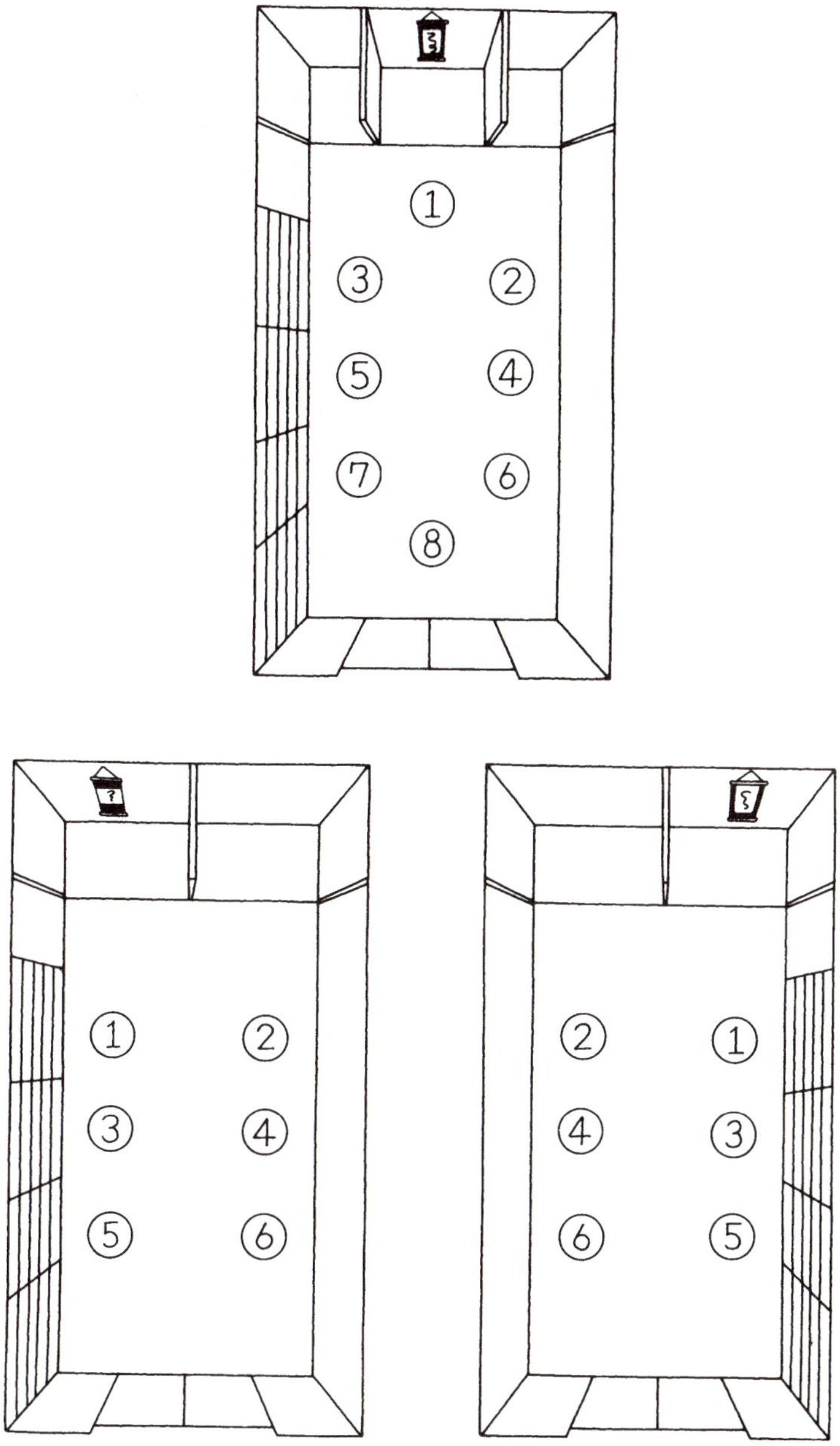

部屋には、「その場所でいちばん高い場所」「いちばん目上《めうえ》の方が座る場所」があります。その場所のことを「上座《じょうざ》」、逆に目下の人が座る場所を「下座《げざ》」と呼びます。

基本的には、「部屋の出入口から一番遠い席が上座」、「出入口から一番近い席が下座」とおぼえておくとよいでしょう。

ただし和室の場合は、「床《とこ》の間《ま》（かけじくなどがかけられるところ）の前の席」がいちばん高い席です。

洋室の上座《じょうざ》・下座《げざ》

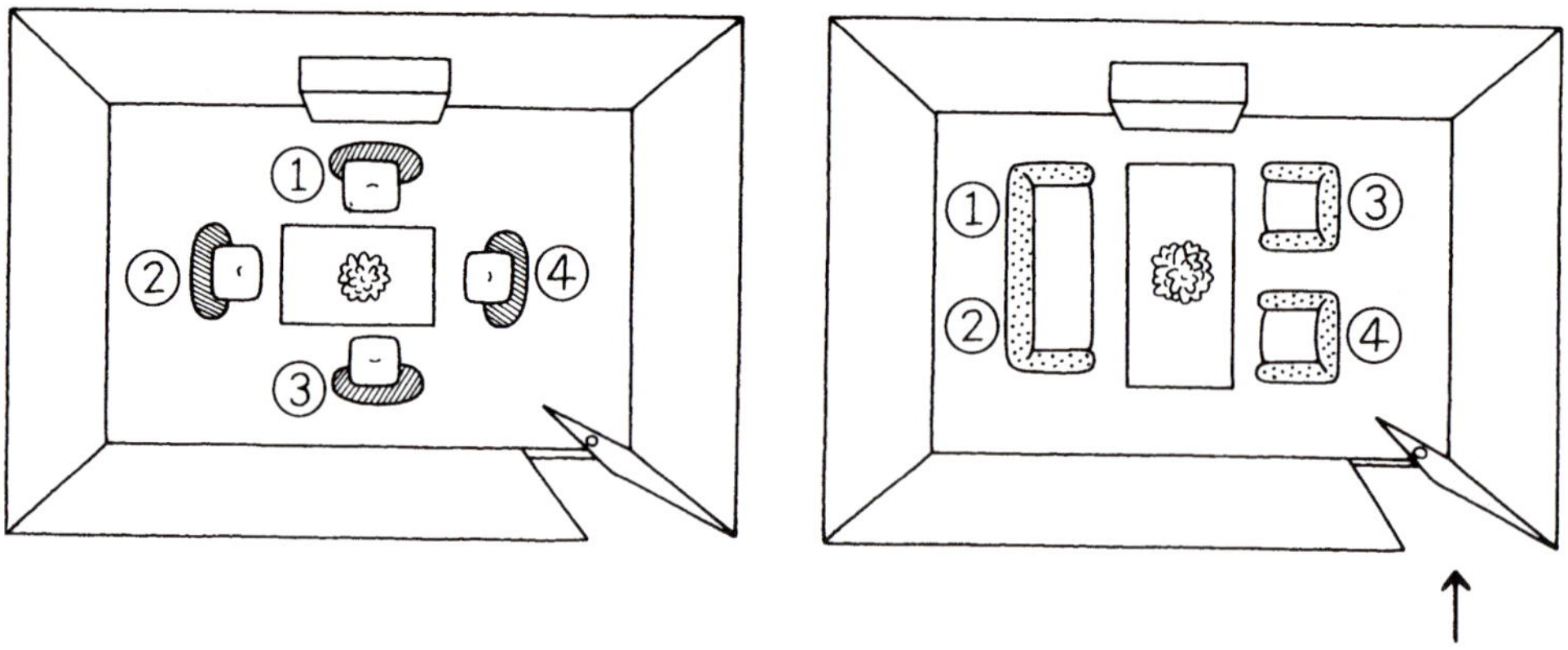

洋室の場合も、基本は出入口から遠い席が上座《じょうざ》、近い席が下座《げざ》です。

暖炉《だんろ》（マントルピース）があるような部屋は、その前が一番の上座です。

一人がけのアームチェアとソファがある場合は、ゆったり座ることのできるソファを上座と考えます。ただし、置かれている位置によってはあてはまらない場合もあります。

タクシー、自家用車、エレベーター

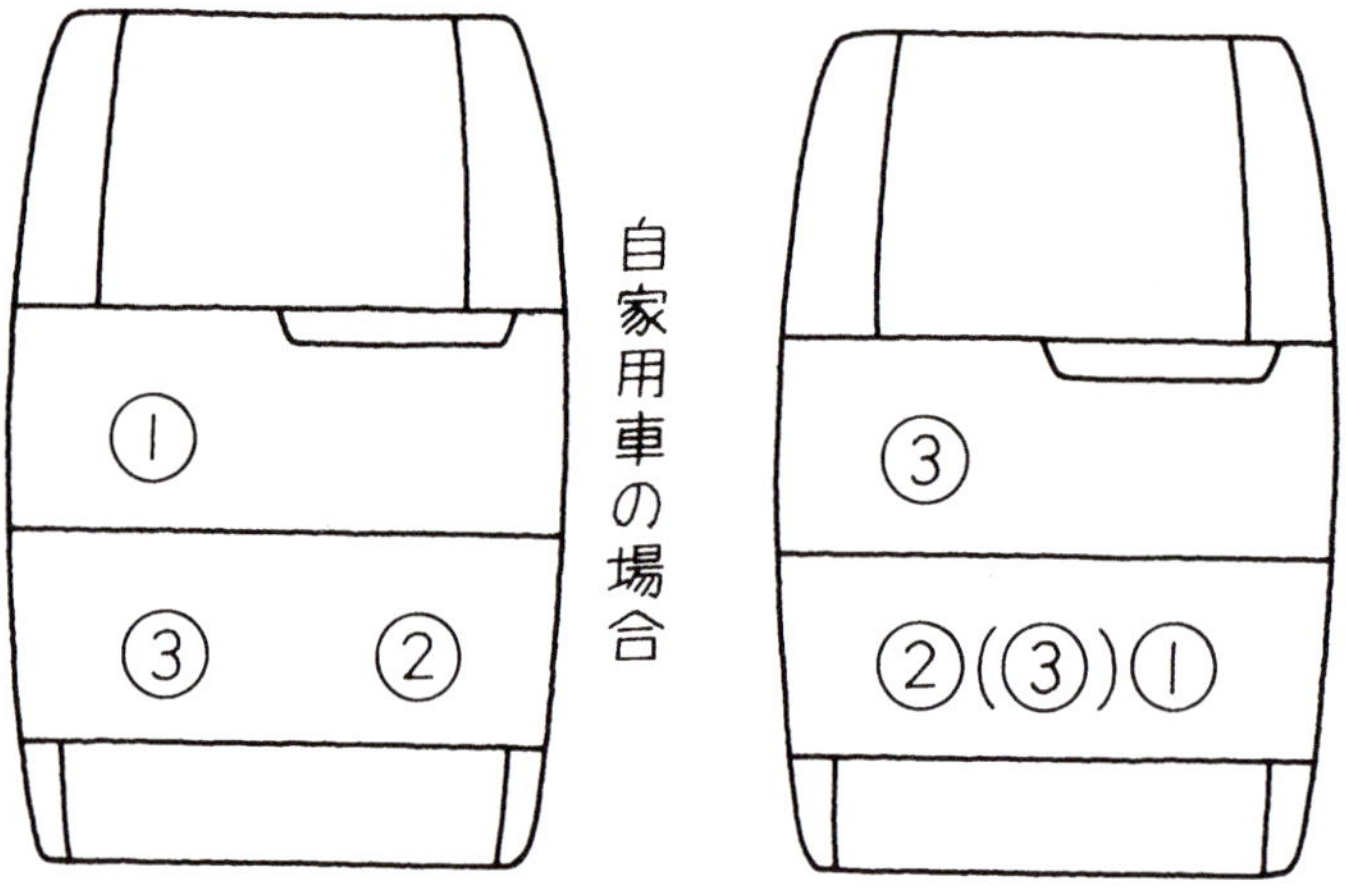

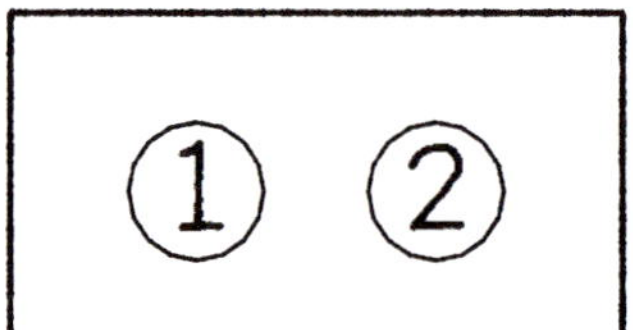

エレベーターの中では、操作《そうさ》盤《ばん》のある場所の後ろを上座と考えることが基本です。後ろの列でそのとなりが次に高い場所、一番の下座は、操作盤の前です。この場の人は操作をする役割もつとめます。

4章

食事の作法

18 箸《はし》のとり方

和食の心得では「箸にはじまり、箸に終わる」といわれるほど、箸のあつかいはとても大切です。箸のあつかいには、その人の日ごろのふるまいがそのまま出てしまうものです。一緒《いっしょ》にいる方にいやな思いをあたえないよう、好ましい使い方を身につけましょう。

箸《はし》をとりあげるとき

1

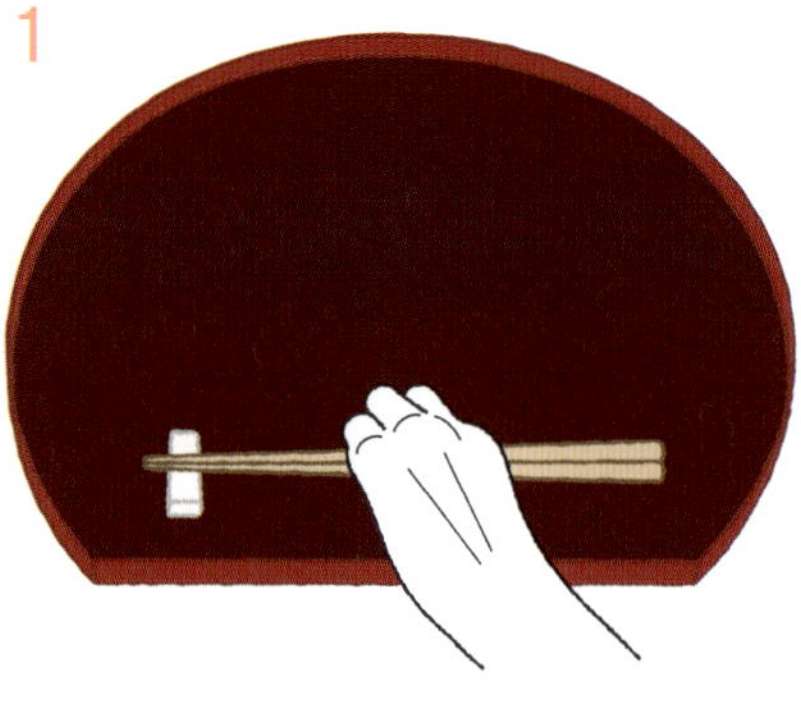

右手で中心のあたりを上からとります。

2

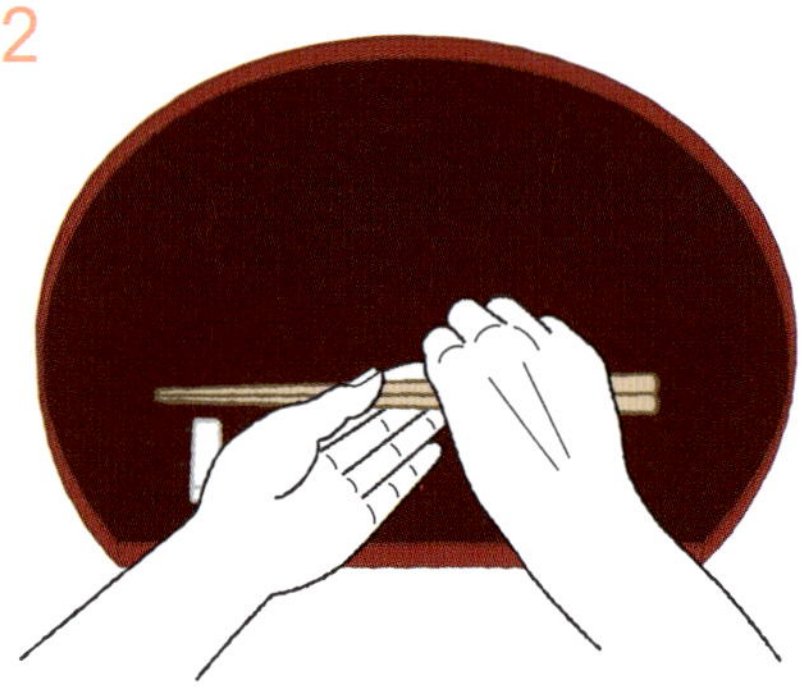

左手で下から支えます。

3

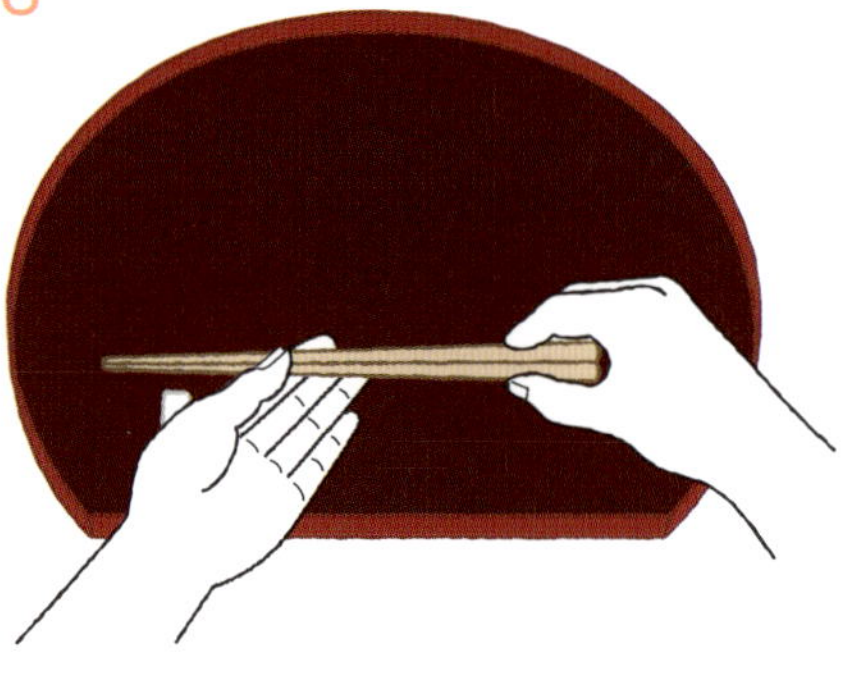

右手を箸にそって、右側へすべらせます。

4

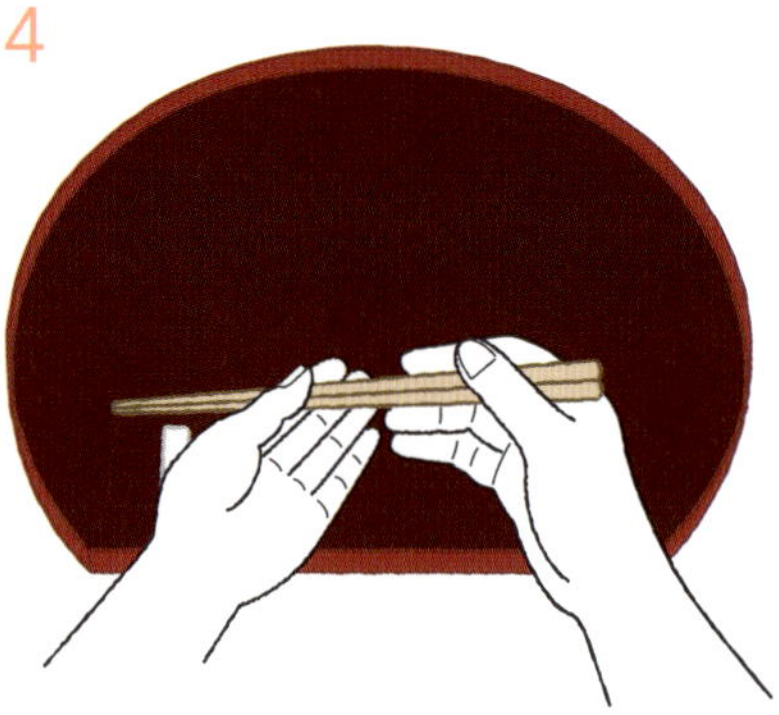

箸の下に右手をくぐらせ、中心あたりまで手を戻します。

5

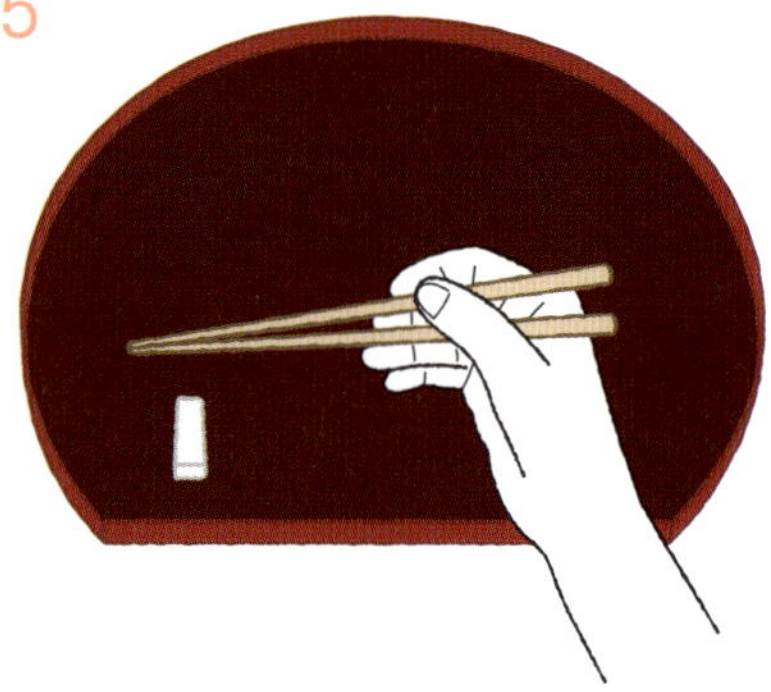

左手をはずします。

お椀《わん》を持って箸《はし》をとりあげるとき

1

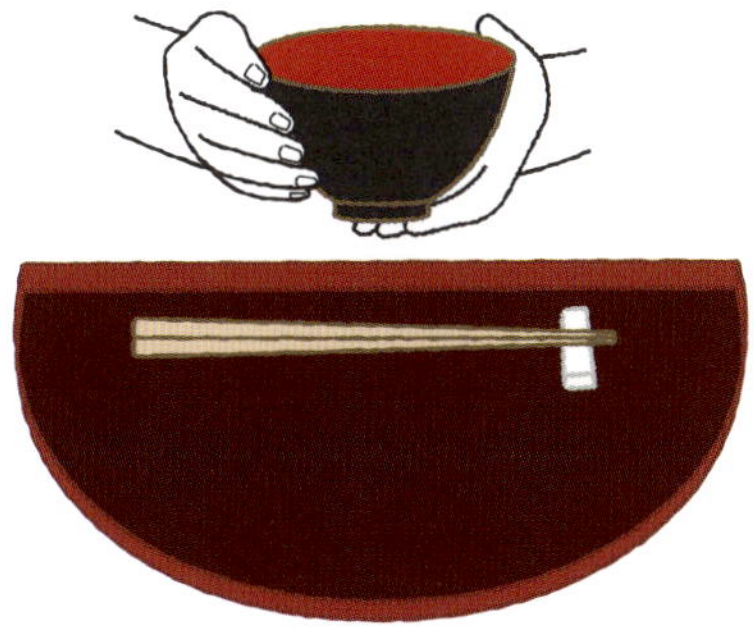

お椀《わん》を右手でとりあげ、左手でお椀の底を持ちます。

2

右手をお椀からはなし、箸の中心あたりを上からとります。

3

左手の中指を浮《う》かせて、とり上げた箸《はし》を、指のあいだにはさみます。

4

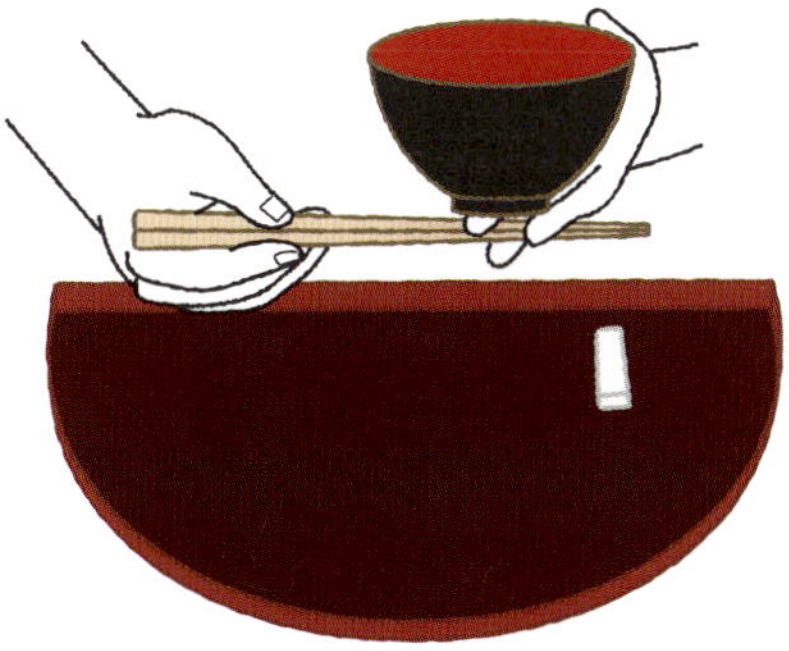

お椀をゆらさないようにしながら、右手を箸の下にくぐらせます。

5

はさんだ指から箸をはなします。

食器やお椀《わん》を持つのは、箸《はし》より先です。箸とお椀を同時にあつかわないように注意しましょう。

19 箸《はし》の持ち方

箸先《はしさき》は、なるべく汚さないようにあつかいます。「箸先五分《ごぶ》、長くて一寸《いっすん》」という教えがあります。

使う範囲《はんい》は3センチ以内におさめましょう。

正しい箸の持ち方を覚えれば、小さなものも簡単につかめ、しぐさも美しくなります。

▼箸《はし》の持ち方

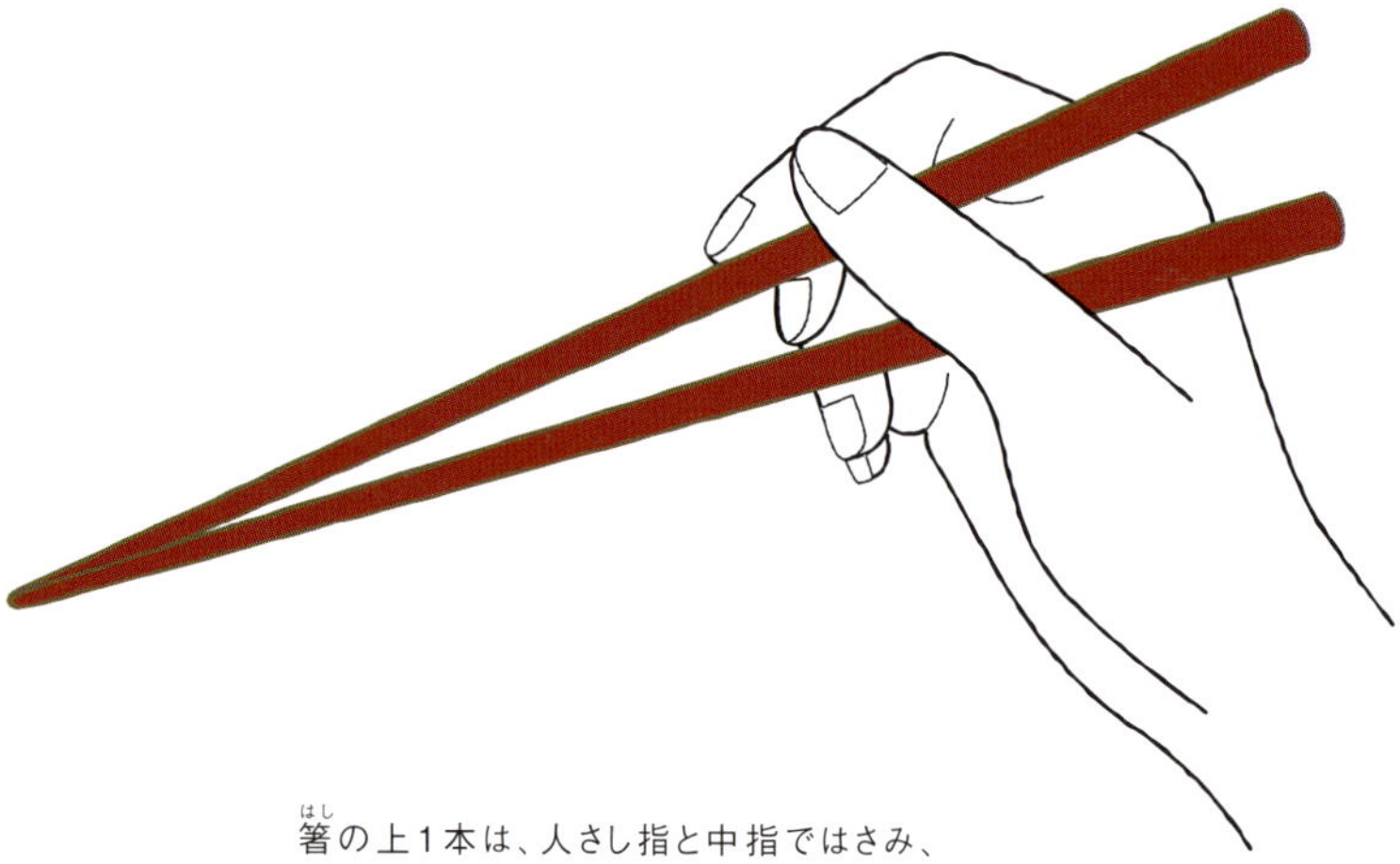

箸《はし》の上１本は、人さし指と中指ではさみ、親指をそえます。これはエンピツと同じもちかたです。
下の１本は、薬指で下からささえます。

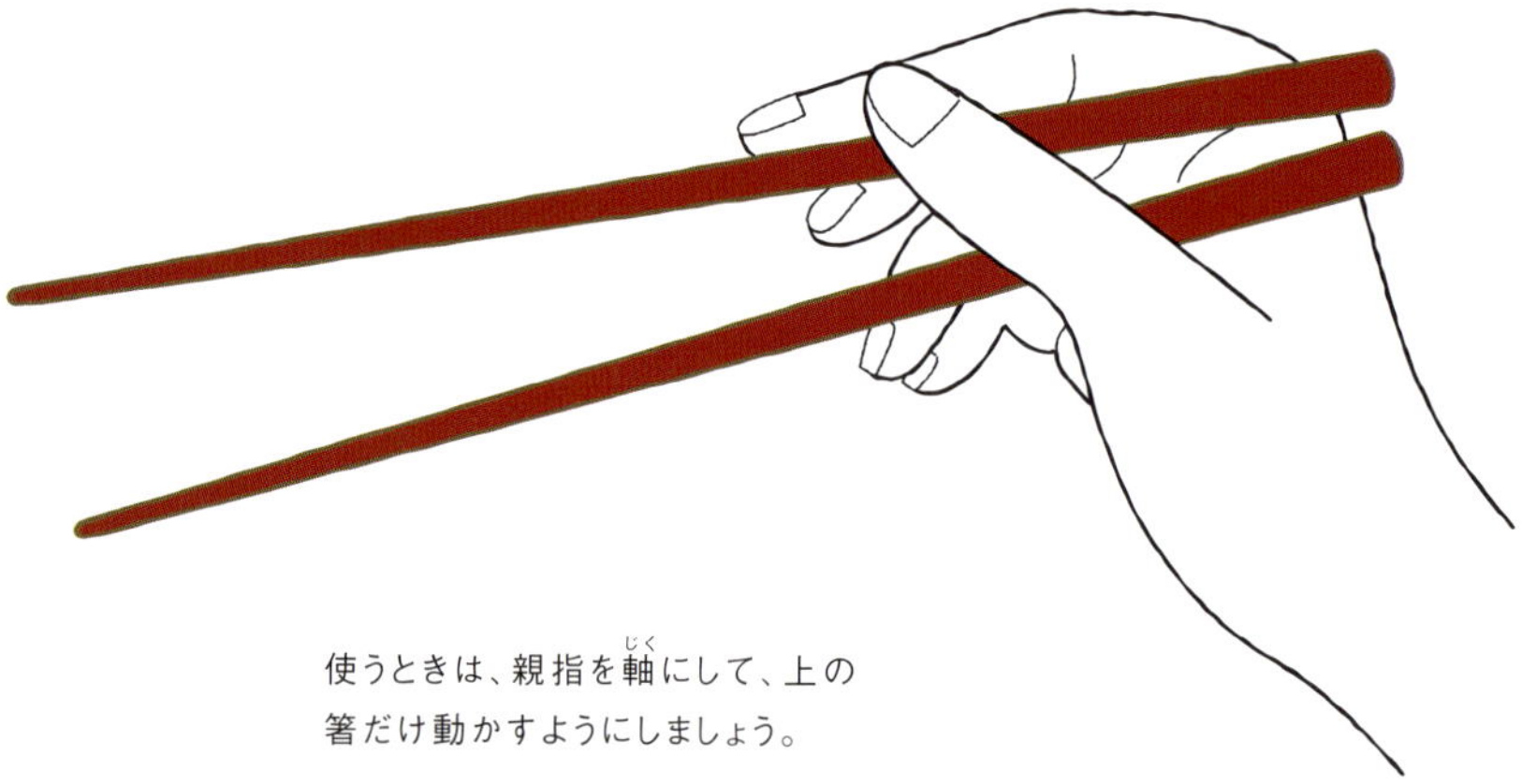

使うときは、親指を軸《じく》にして、上の箸だけ動かすようにしましょう。

箸《はし》を置くとき

1

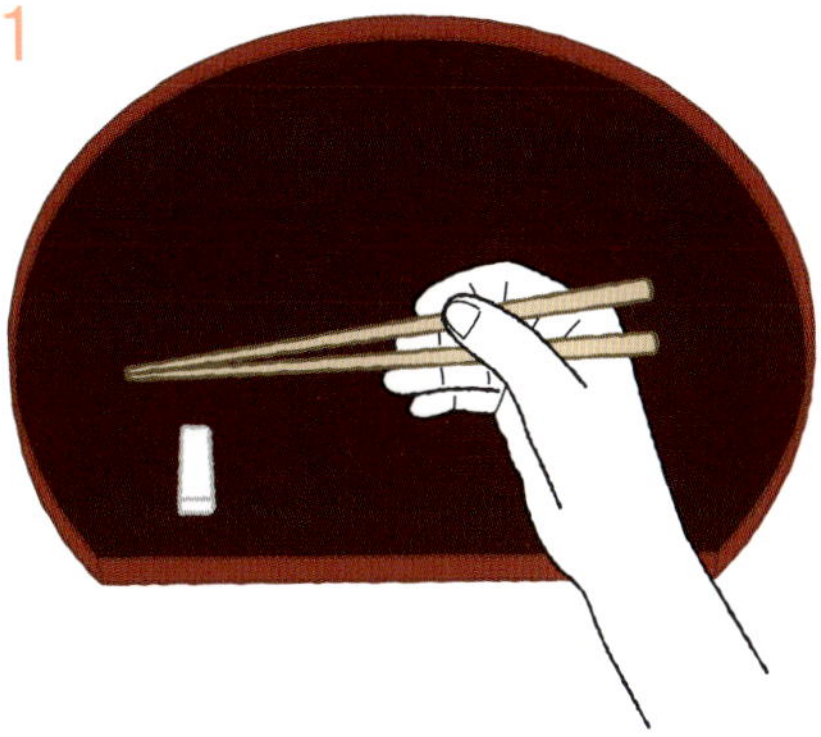

左手を箸の下にそえます。

2

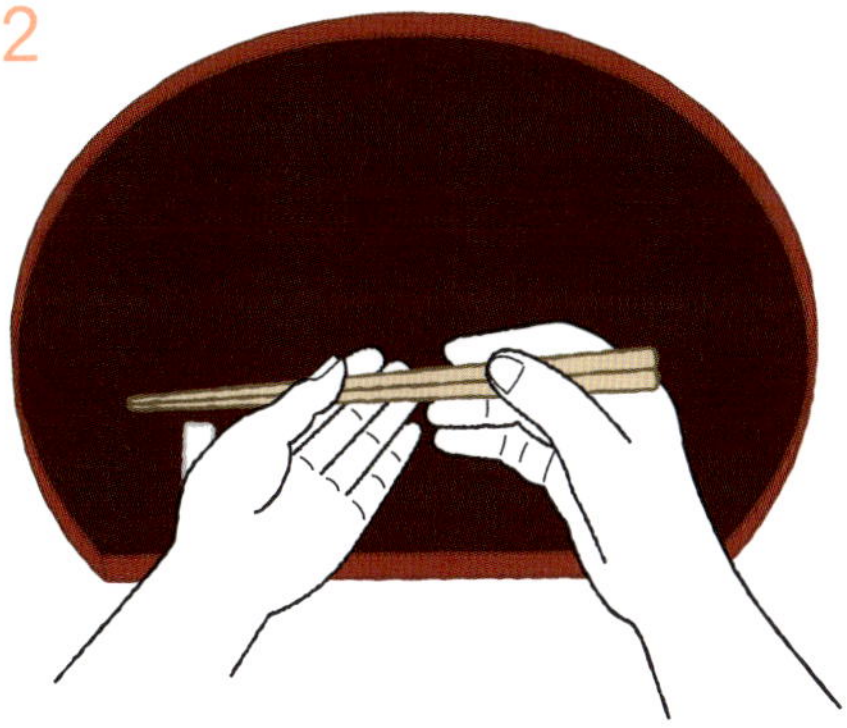

右手を箸にそって右側にすべらせます。

3

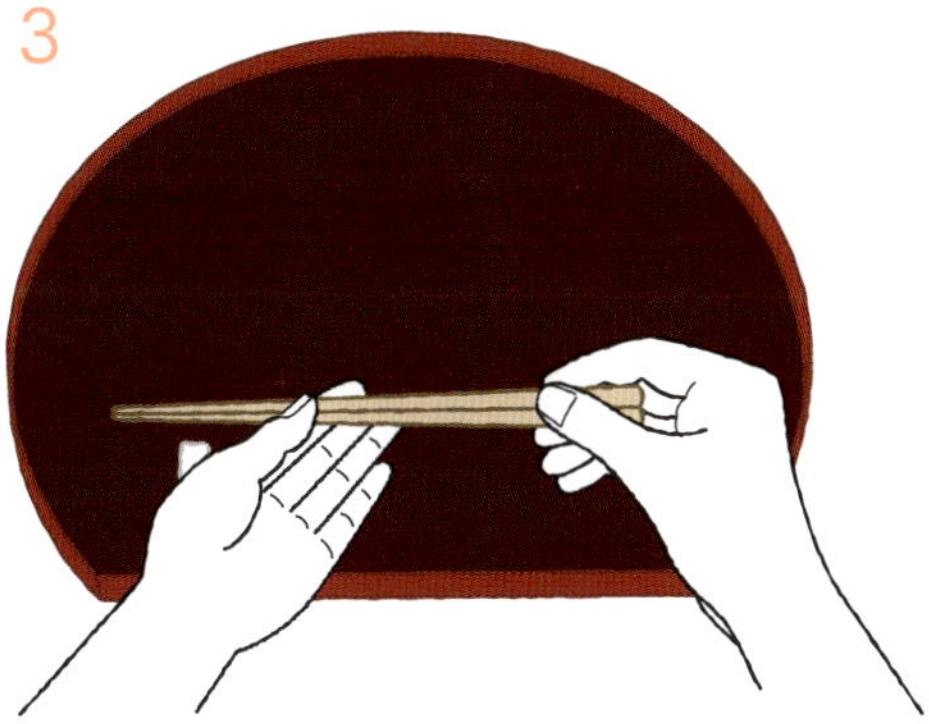

4

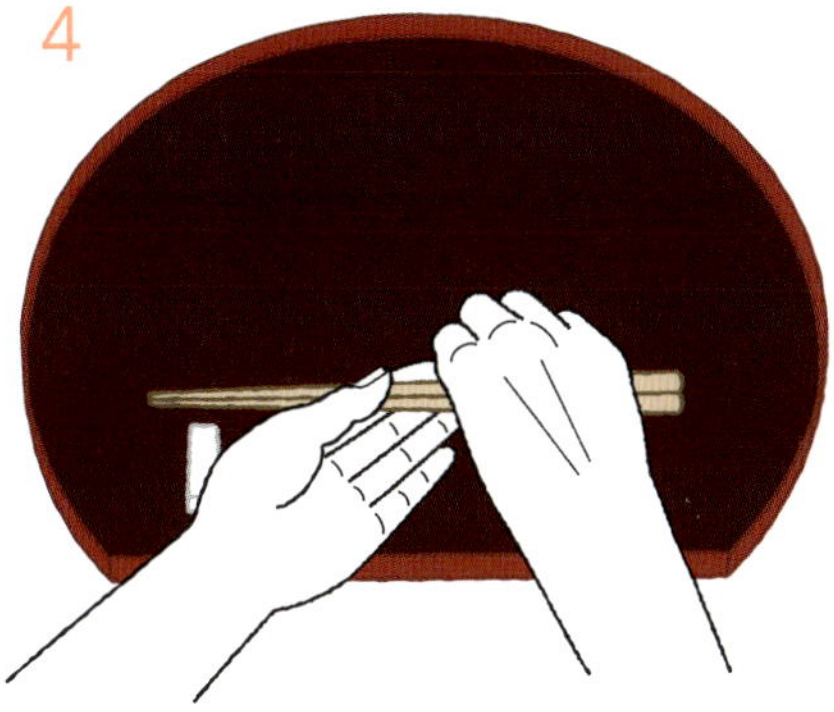

右手を箸の下から上に移動させ、箸の中間あたりで止めます。そえていた左手をはなし、右手で箸置きに置きます。

5

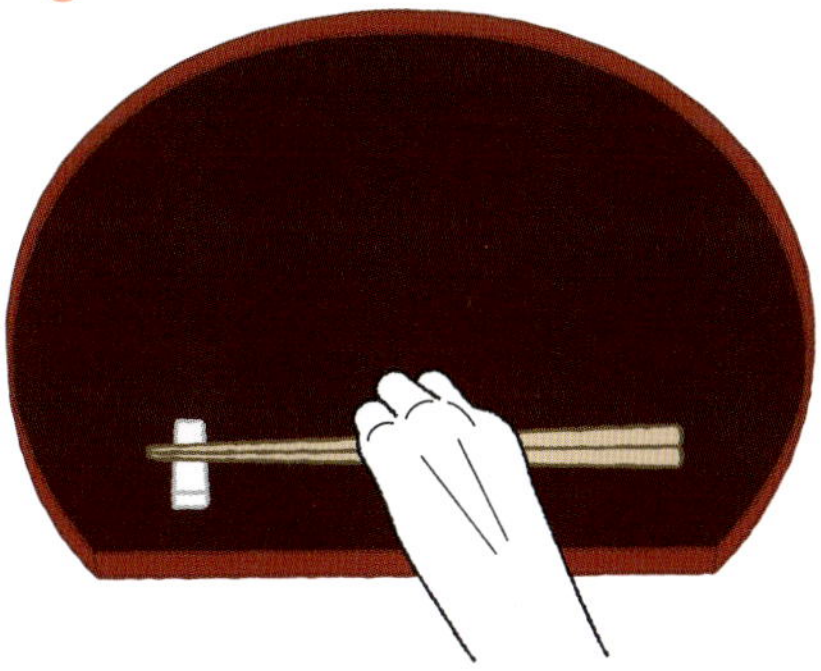

箸置きがない場合は、お膳《ぜん》の左端に箸先《はしさき》をかけて休めます。

箸《はし》を置く動作は、とる動きと逆です。食事中に箸を置いて休めるときは、箸置きを使います。うつわの上には置かないようにしましょう〔きらい箸の「渡《わた》し箸」（42頁）にあたります〕。

20 きらい箸《ばし》について

箸《はし》の使いかたの中には、「大変みぐるしい」「おこなってはいけない」といういただき方がいくつもあります。「きらい箸」と呼ばれるこれらのうち、代表的なものをご紹介いたします。

寄《よ》せ箸

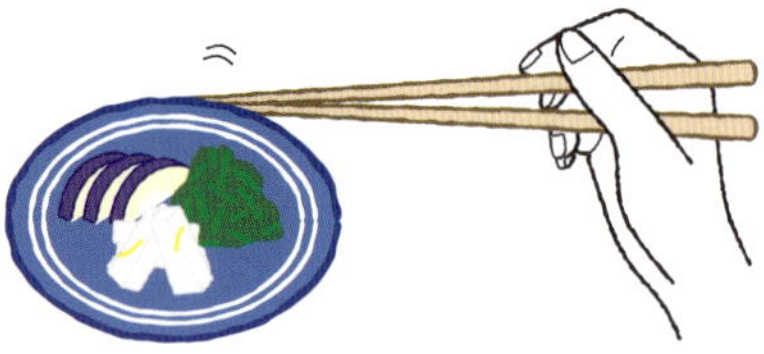

箸でうつわを引きよせること。

渡《わた》し箸

箸をうつわの上に渡して置くこと。箸は箸置きに置くか、お膳《ぜん》の左端にかけます。

なみだ箸

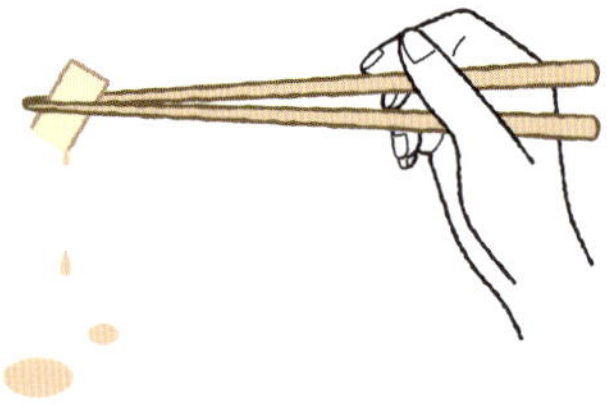

箸先からぽたぽた汁をたらすこと。汁が多い料理は、うつわを左手に持ち、受けていただきます。食べるときに手で受ける（手《て》皿《ざら》をする）ことはいたしません。

刺《さ》し箸

箸を食べ物につき刺して食べること。

さぐり箸

料理の中身をさぐるように箸を動かすこと。もりつけが台《だい》無《な》しになってしまいます。

もろ起《お》こし

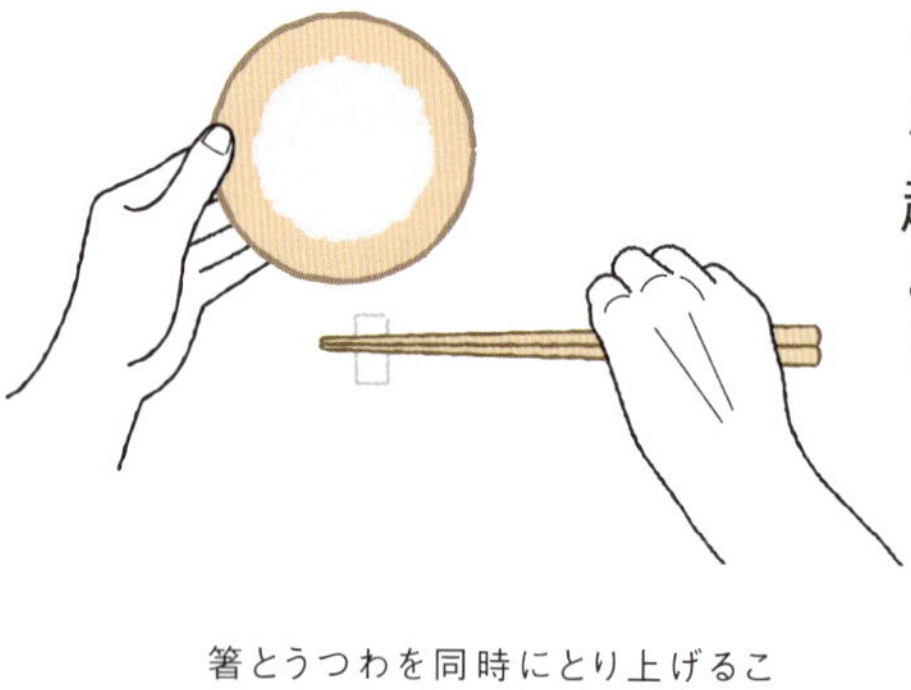

箸とうつわを同時にとり上げること。右手でうつわをとってから、箸をとり上げます（39頁）。

まよい箸

どれを食べようかと、箸をあちらこちらとさまよわせること。

押しつけ箸

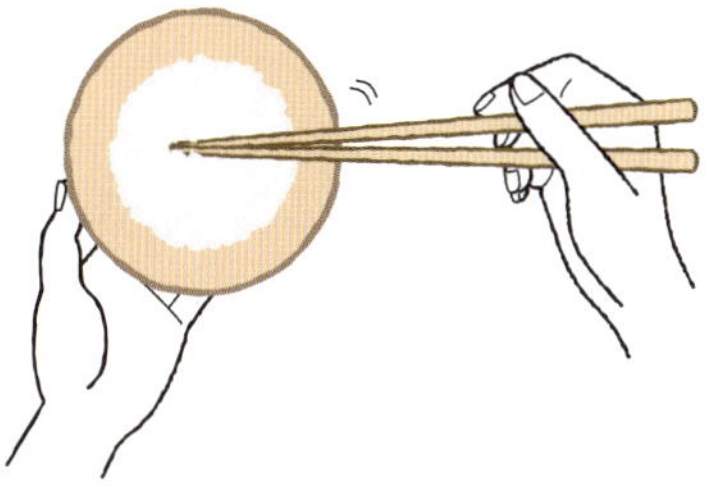

ごはんなどを茶碗《ちゃわん》の中で押し固めて食べること。見苦しいうえ、食感も変わってしまいます。

渡《わた》し箸（拾《ひろ》い箸）

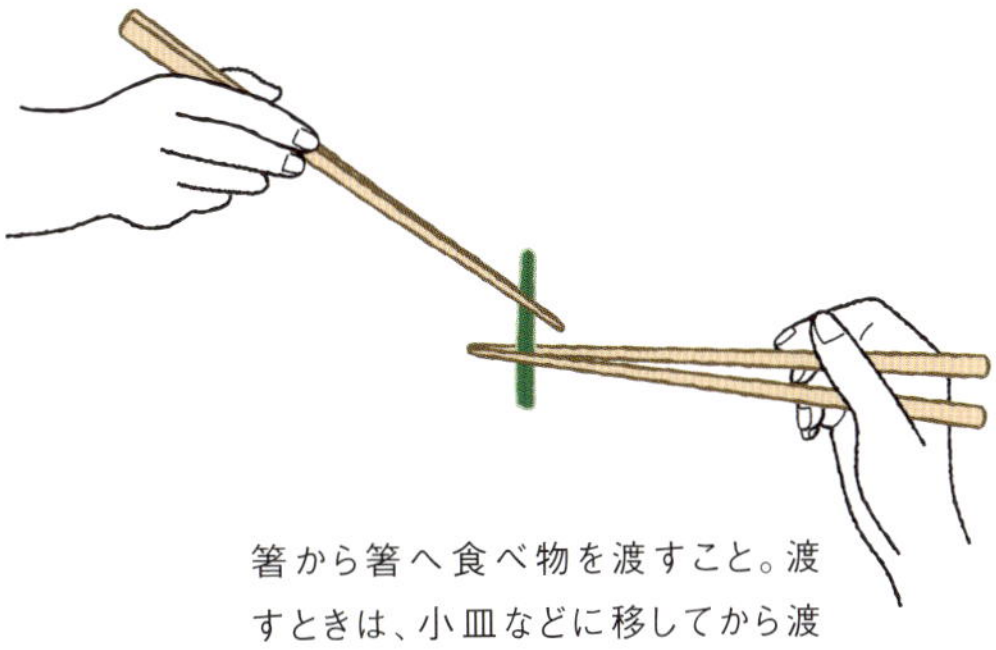

箸から箸へ食べ物を渡すこと。渡すときは、小皿などに移してから渡します。

移り箸

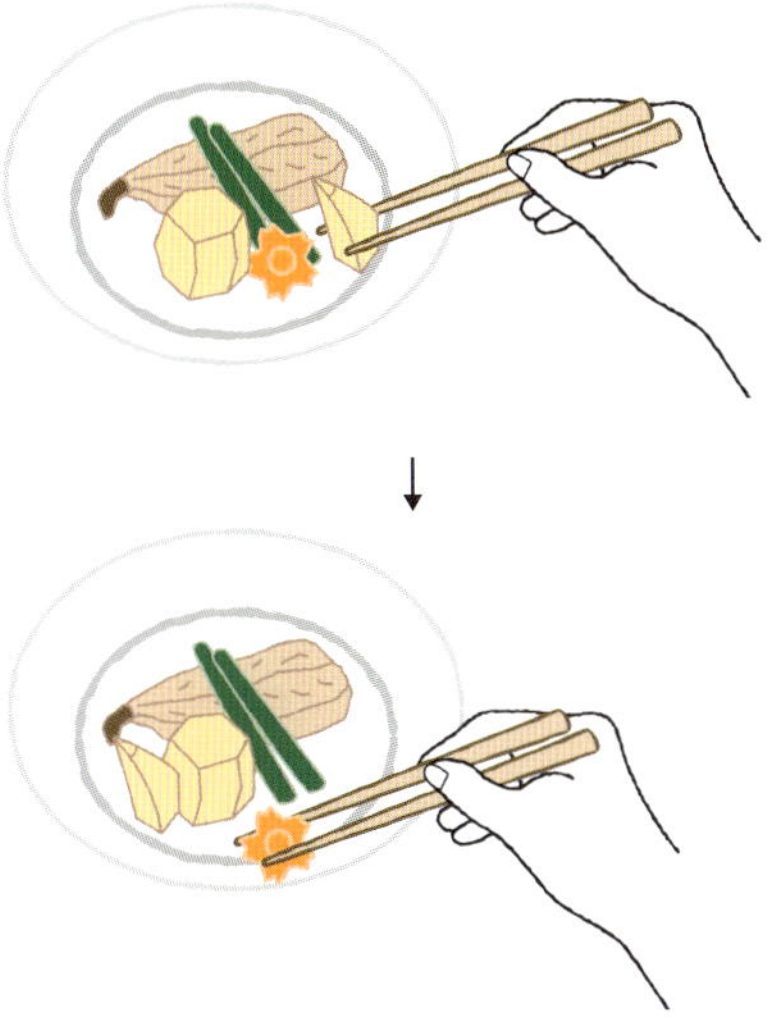

一度箸をつけた料理を食べずにほかの料理へ箸を移すこと。

込《こ》み箸

うつわに直接口をつけて箸で料理をかきこむこと。犬食《いぬぐ》いともいいます。お茶《ちゃ》漬《づ》け以外でこれをするのはやめましょう。

指《さ》し箸

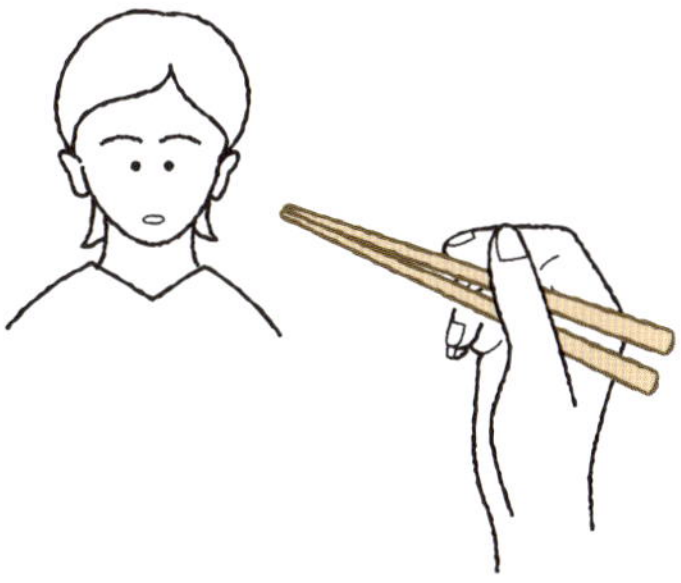

人や物を箸であれこれ指し示すこと。

ねぶり箸

箸先をなめること。

21

和食のいただき方

▼ごはんと汁物《しるもの》の正しい位置

ごはんは左、汁物は右側に置きます。
奥に香《こう》の物《もの》（おつけもの）が置かれます。
箸《はし》は箸置きにセットします。

▼焼き物のいただき方

おかしら付きの魚をいただくときは、「裏返《うらがえ》さない」ことがポイントです。表側の身をいただいたら、中骨《なかぼね》をはずして、うつわの向こう側に置き、残りの半身《はんみ》をいただきます。切り身の場合は、端《はし》から一口大に切っていただきます。

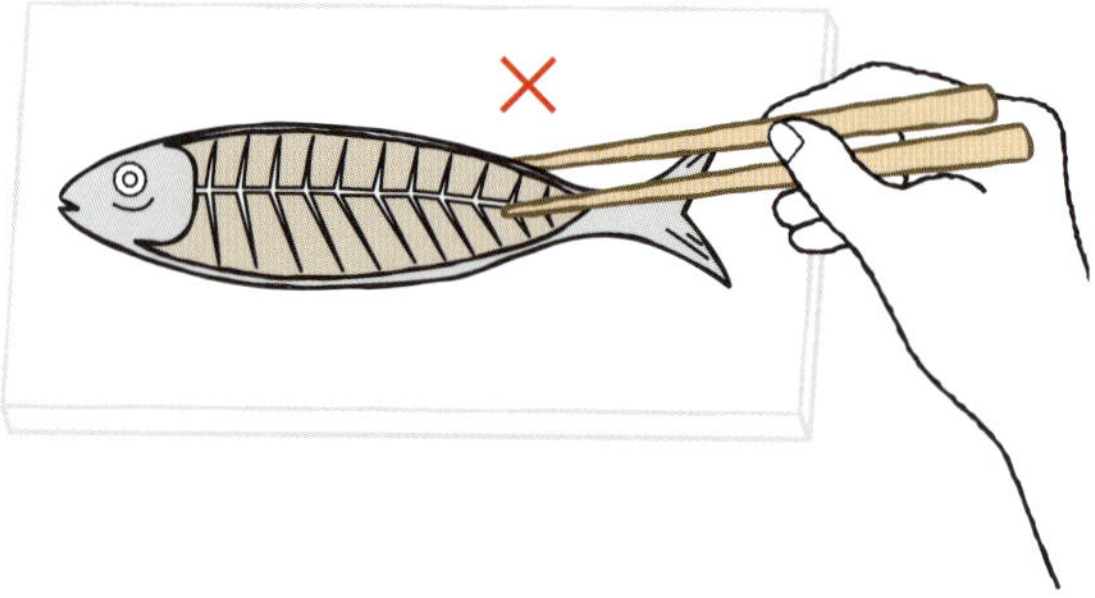

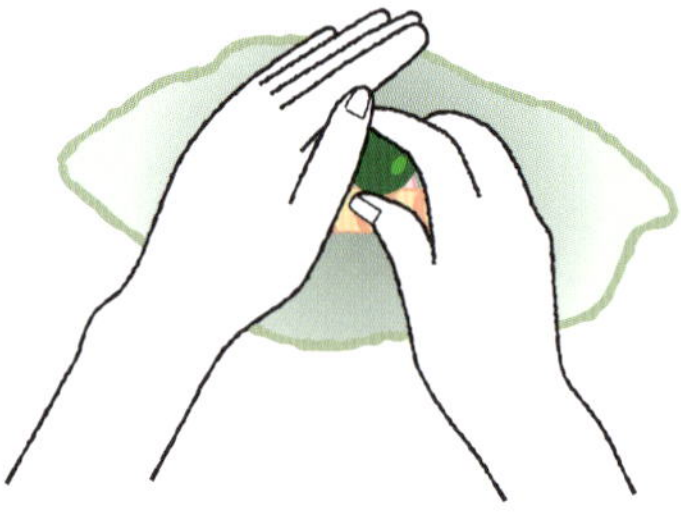

レモンなどをしぼるときは、手をかぶせて、汁がまわりに飛ばないようにしましょう。

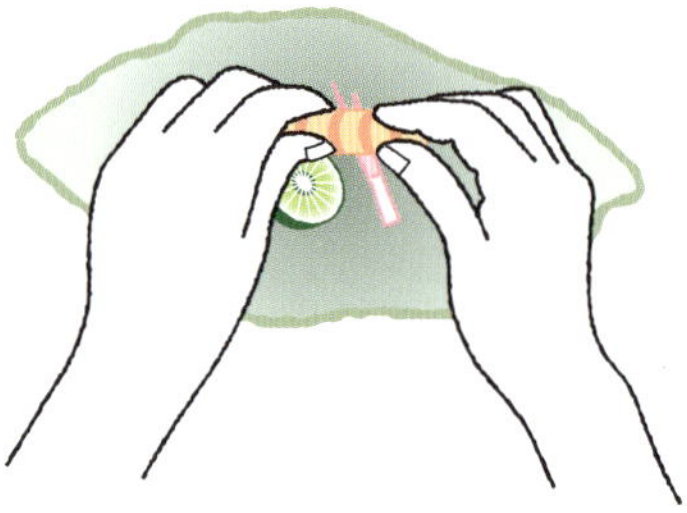

エビなどのカラ付きの焼き物は、頭とカラを手ではずし、うつわにもどしてから箸でいただきます。手づかみでいただくのはさけましょう。

具の大きい煮《に》物《もの》など

一口で食べられない大きさのものは、箸《はし》で一口大にわけていただきます。箸で切れないものは歯でかみますが、その場合、歯形を残したまま皿にもどすことはひかえましょう。

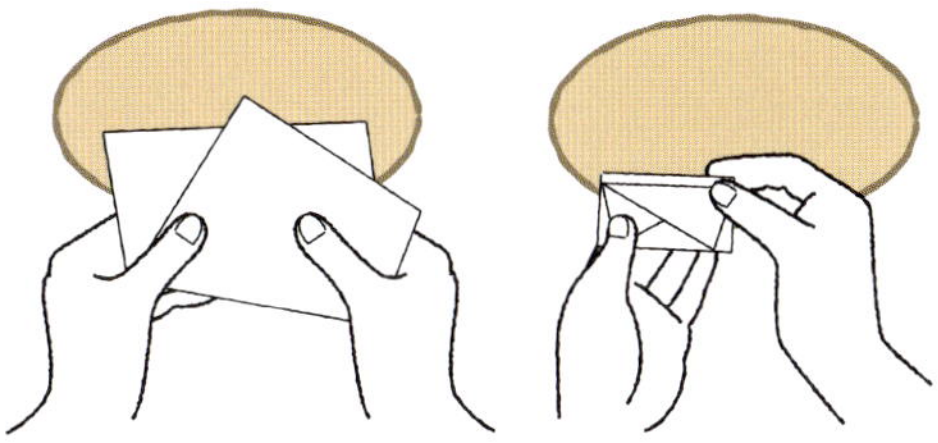

くだものの種《たね》、また焼き物の骨などは、そのまま皿に残さず、懐紙《かいし》に包むとよいでしょう（包み方は70頁）

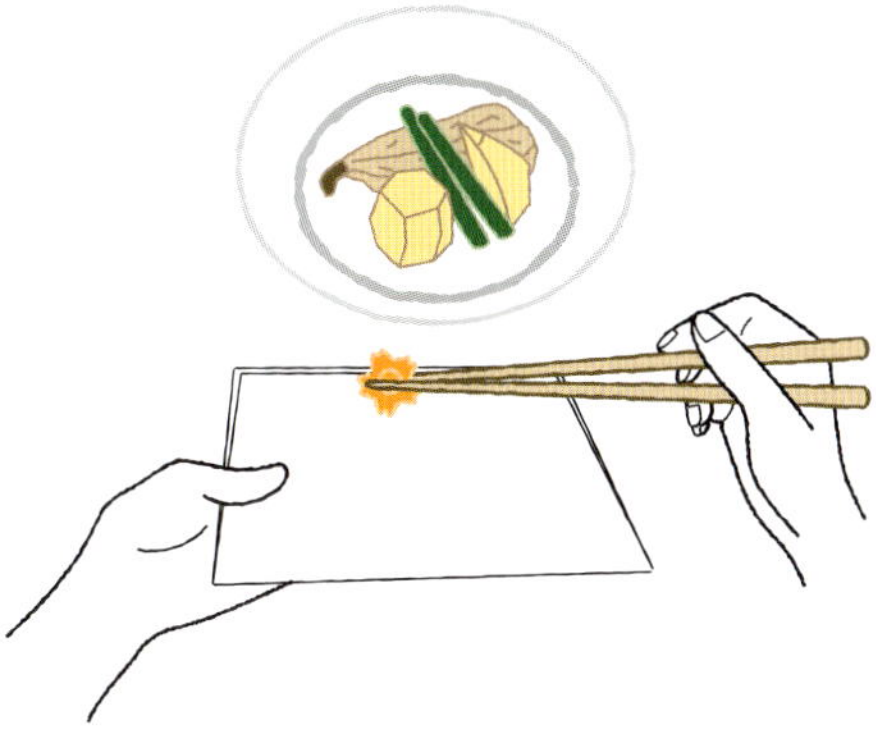

汁がたれるような食べ物は、うつわを左手で持つか、懐紙《かいし》（ふところに入れておく和紙）で受けていただきます。

好《この》ましくないいただき方

汁を気にして手で受ける（手皿《てざら》をする）ことを「お行儀《ぎょうぎ》のよいふるまい」と思いこんでいる人も多いようです。しかし品格を損《そこ》なういただき方ですので、ひかえましょう。

体を前にかたむけて食べるのはひかえましょう。

22

お椀《わん》のふたのあつかい

お吸《す》い物《もの》などお椀のふたを開けるときは、ふたの内側についたしずくが落ちないように注意しましょう。

▼ふたの開《あ》けかた

1

左手でお椀をおさえ、右手でふたの上の部分（糸底《いとぞこ》といいます）を持ちます。

2

ふたの向こう側をつけたまま、手前から開けます。

3

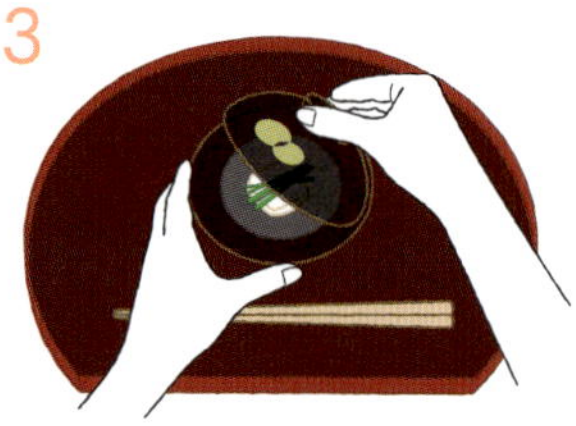

ふたをお椀のカーブにそって時計回りに回しながら、しずくを切ります。

4

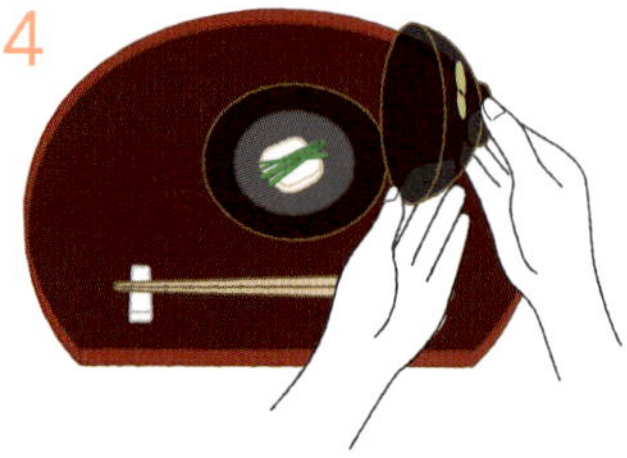

左手をそえて、ふたをあおむけに開けます。

5

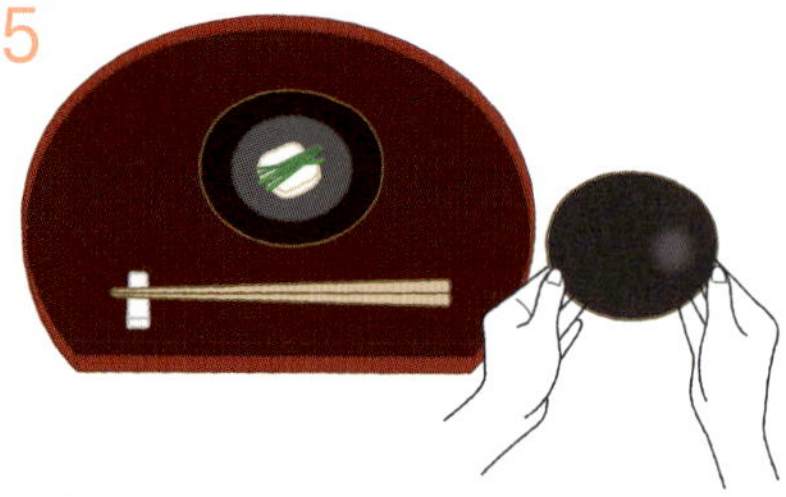

お膳《ぜん》の外側に、両手で置きます。

▼ふたの閉《し》め方

1

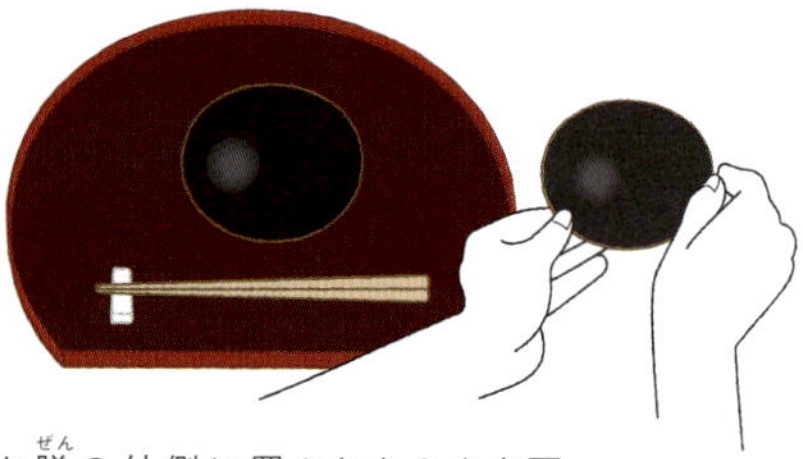

お膳《ぜん》の外側に置かれたふたを両手でとります。

2

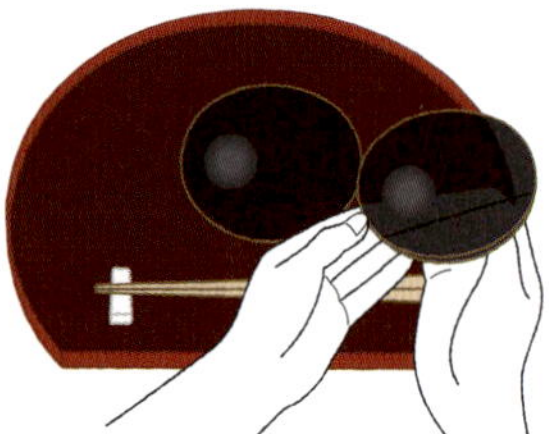

右手でふたの上（糸底《いとぞこ》）を持ちます。

3

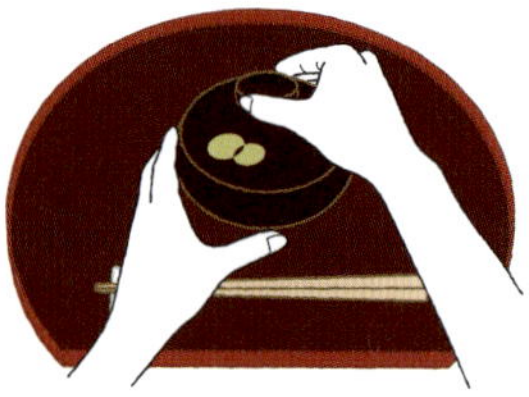

ふたの向こう側をお椀につけてから、手前に向かって閉めます。

4

お椀とふたが落ち着くようにして合わせます。

23

洋食のいただき方

ふだんから洋食をいただく機会もふえている今、レストランに行くときにのみ、急にお行儀《ぎょうぎ》を良くしようとしても、なかなかできるものではありません。ふだんの食卓から、洋食のマナーやナイフやフォークなどのあつかいになれておくようにしましょう。

ナプキンのあつかい

食事をするときは、ナプキンで口の汚れをおさえ、きれいにしながらいただきます。口をぬぐうときは、猫背《ねこぜ》にならないよう注意しましょう。

ナプキンを広げるとき

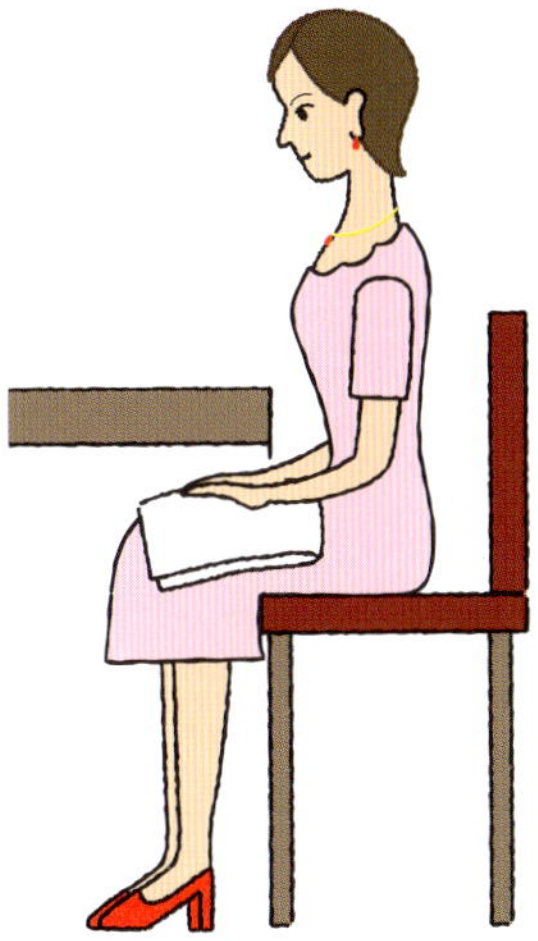

机の上にあるナプキンをとり上げ、輪《わ》が手前にくるようにして、ひざの上に置きます。

途中で席を立つとき

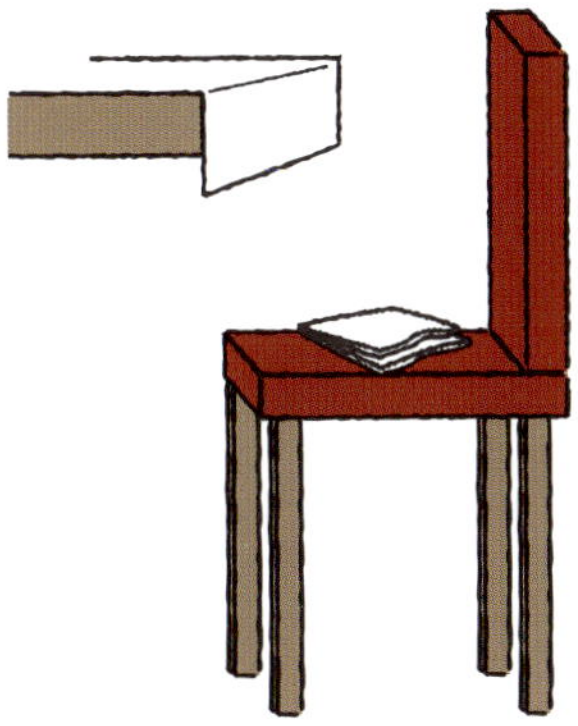

ナプキンを軽く二つ折りにして、そのまま椅子《いす》の上に置いて席を立ちます。

退席するとき

ナプキンを軽くたたみ、テーブルに置いて席をはなれます。

＊角を合わせてきれいにたたんで退席すると、「料理・サービスに満足できなかった、ナプキンがきれいでない」という意思表示と受けとられることもありますので気をつけましょう。

24

ナイフとフォークのあつかい

セットされているカトラリーは、外側の端《はじ》から順に使用していきます。基本的に、すべて一口大に切ってからいただきます。ただし、あらかじめすべてを細かく切り分けておくのはやめましょう。

ナイフは右手の人さし指をのばして背に当てて持ち、フォークも同様に左手に、背を上にして持ちます。

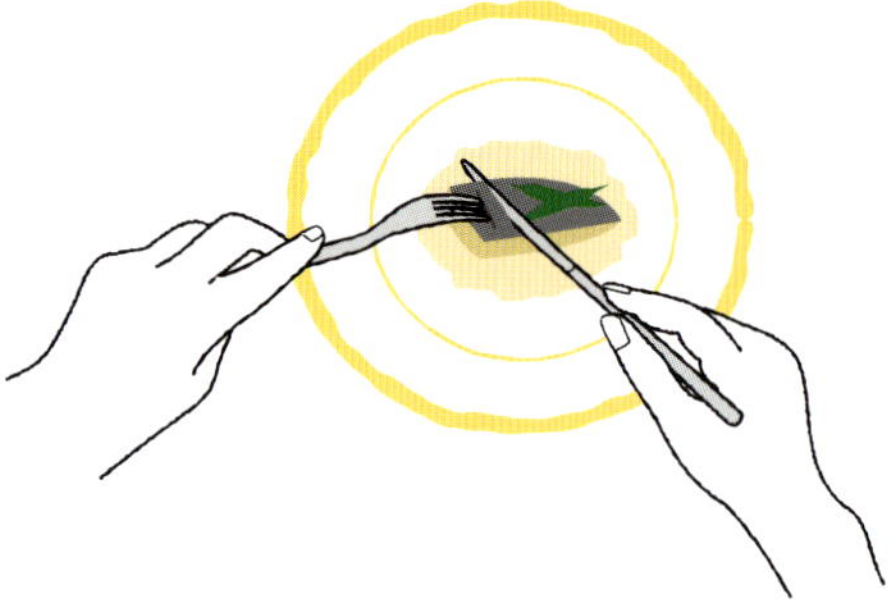

魚用ナイフはエンピツをもつようにしてもつこともあります。ソーススプーンが出されたときも同じですが、ソースと身をいただくときはスプーンと同じ持ち方に変えます。

食事の途《と》中《ちゅう》で席を立つとき

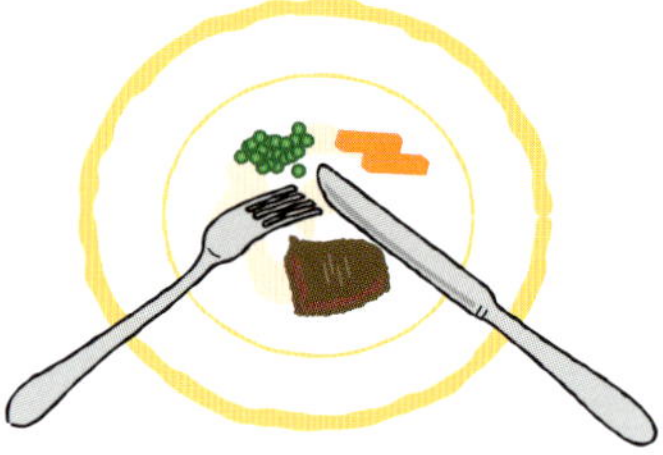

ナイフ・フォークを皿の中に八の字の形に置きます。このときナイフの刃は内側を向けておきます。

食事を終えたら

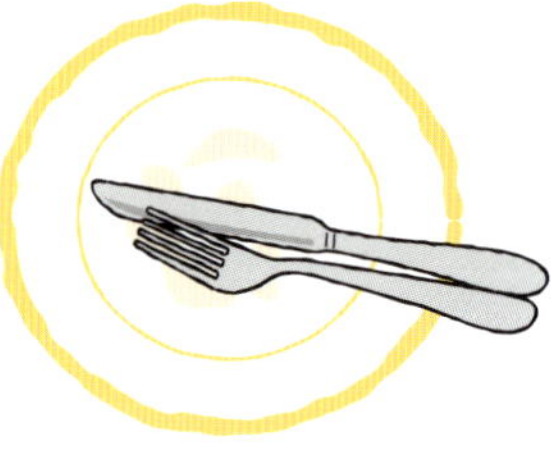

ナイフ・フォークともななめ右、もしくは縦《たて》にならべて置きます。

25 スープ、パンのいただき方

洋食のフルコースは、次の順に出されます。
①前菜（オードブル） ②スープ ③魚料理 ④ソルベ（シャーベット）
⑤肉料理 ⑥サラダ ⑦デザート ⑧コーヒー

スープのいただき方

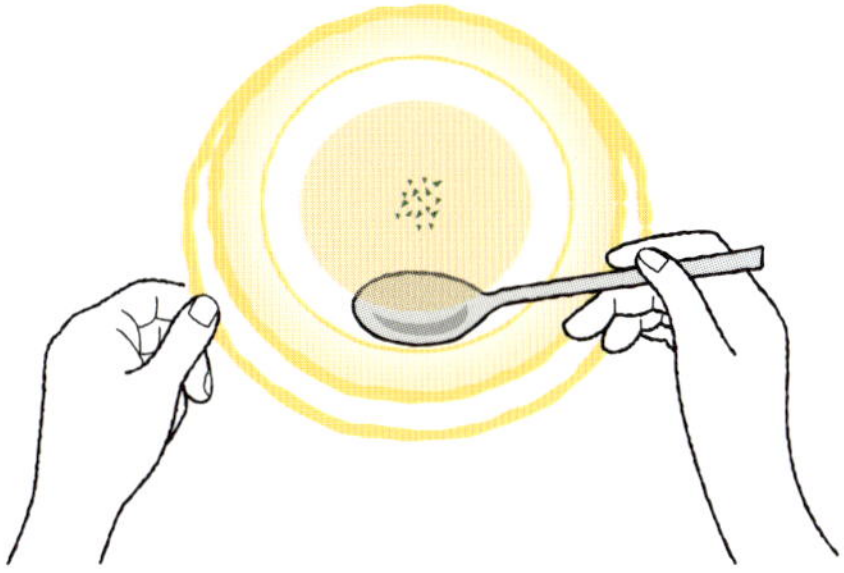

洋食のスープはなにより「すすらない」こと。スプーンを少しななめにし、口の中へゆっくり流し込みます。また、飲むときには猫背《ねこぜ》にならないように注意しましょう。スプーンを手前から向こうへすくうのがイギリス式、逆がフランス式。どちらでなければということはありません。

パンのいただき方

パンはスープを飲み終えてからいただきます。メインの前に満腹《まんぷく》にならないよう、食べ過ぎに注意しましょう。

プライベートな席での食事なら、料理のソースをぬぐって食べてもかまいません。そのさい、パンを小さくちぎって皿に置き、フォークで刺《さ》してからソースをからめていただくと美しく見えます。

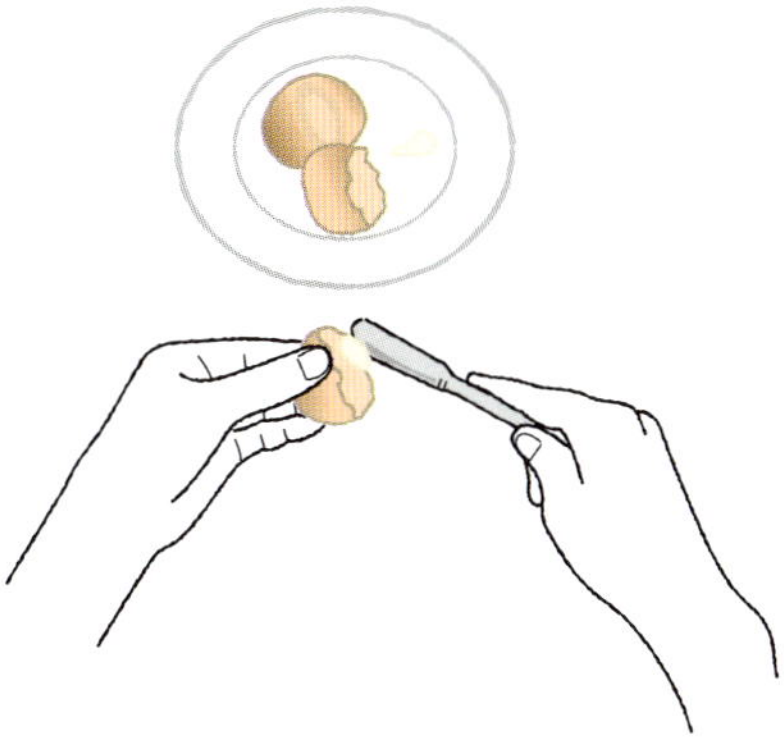

パンは一口大にちぎり、そのつどバターをつけていただきます。

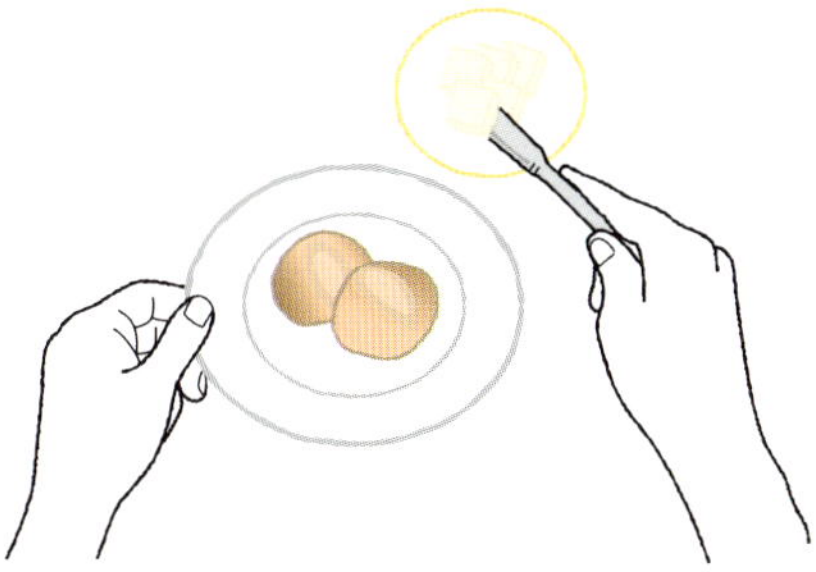

切り分けられたバターの場合は、一人分をとります。

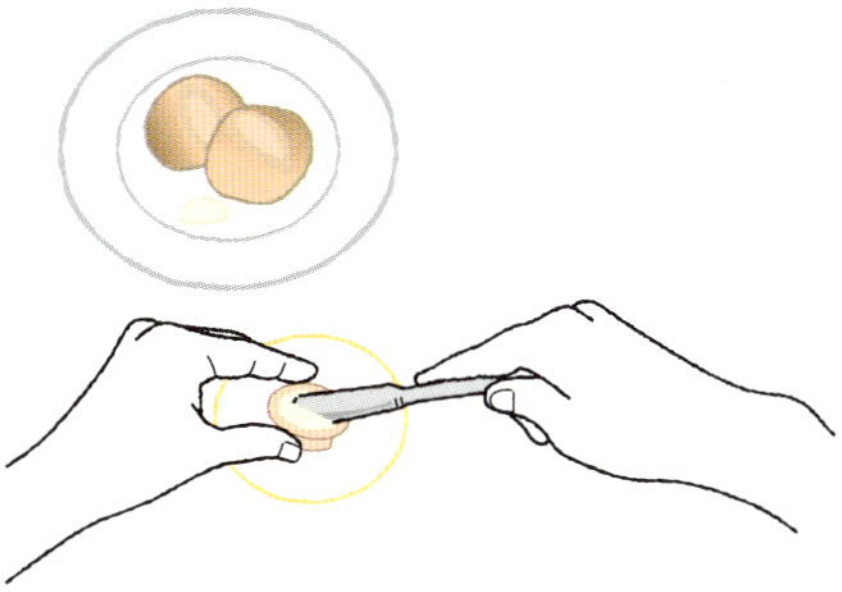

個々の容器に入ったバターは、手前からナイフを入れて、適量をパン皿にとります。

26 肉料理、魚料理のいただき方

肉料理

お肉は左端《ひだりはし》から切っていただきます。最初にすべて切り分けてしまうと、早く冷めてしまうだけでなく、肉汁《にくじる》が流れ出て、つくってくださった方にも失礼にあたります。
一口食べるごとに切って、口に運ぶようにいたしましょう。
ナイフを動かすときは、引くときでなく押すときに力を入れましょう。
肉は一口大に切ってから、ソースとともにいただきます。あらかじめ肉を切り分けることはさけましょう。

豆類《まめるい》やライスは、ナイフを向こう側にかべのように立てて、そこへフォーク の腹《はら》に寄《よ》せてすくっていただきます。フォークの背を使うのは、見た目も美しくなく、こぼしやすいので注意しましょう。

魚料理

和食と同じく「身を裏返《うらがえ》さないこと」が基本です。

骨を抜いていない魚料理は、表側の身をいただいたら、中骨《なかほね》をはずし、皿の向こう側に置いてから裏側《うらがわ》の身をいただきます。

食事を終えたら骨は一カ所にまとめておきましょう。

骨が口に入ってしまった場合は、口元をおおいながら、フォークか指で取って出します。

カラ付きのエビ料理

1

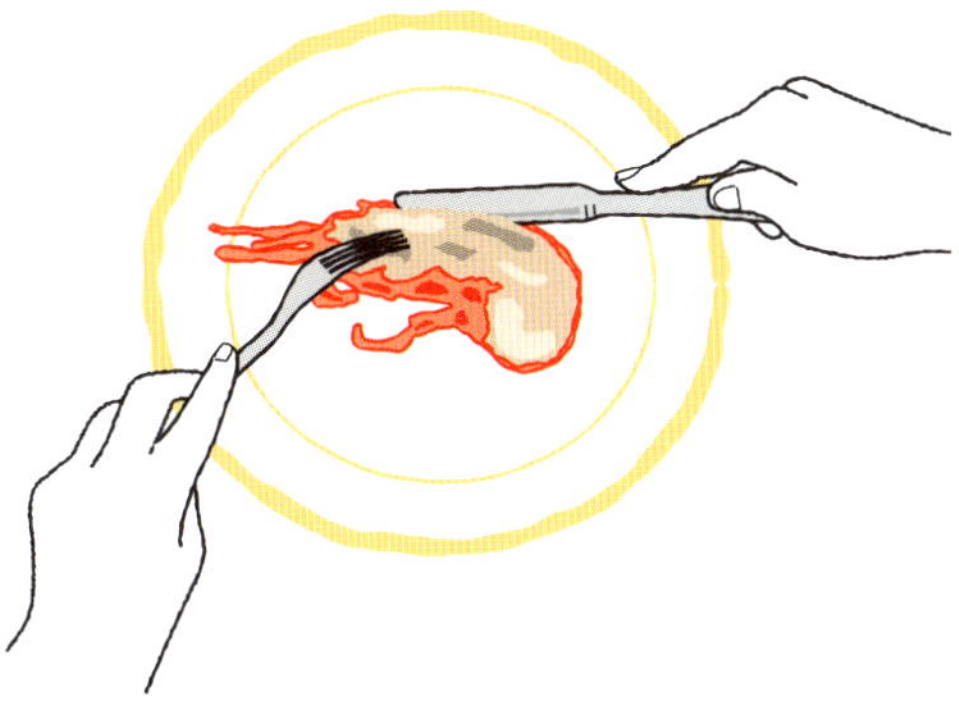

カラのまわりに切れ目を入れてから、右手のナイフでカラをおさえるようにして身をはずします（たいていの場合、取り出しやすいように身とカラの間には切れ込みが入っています）。

2

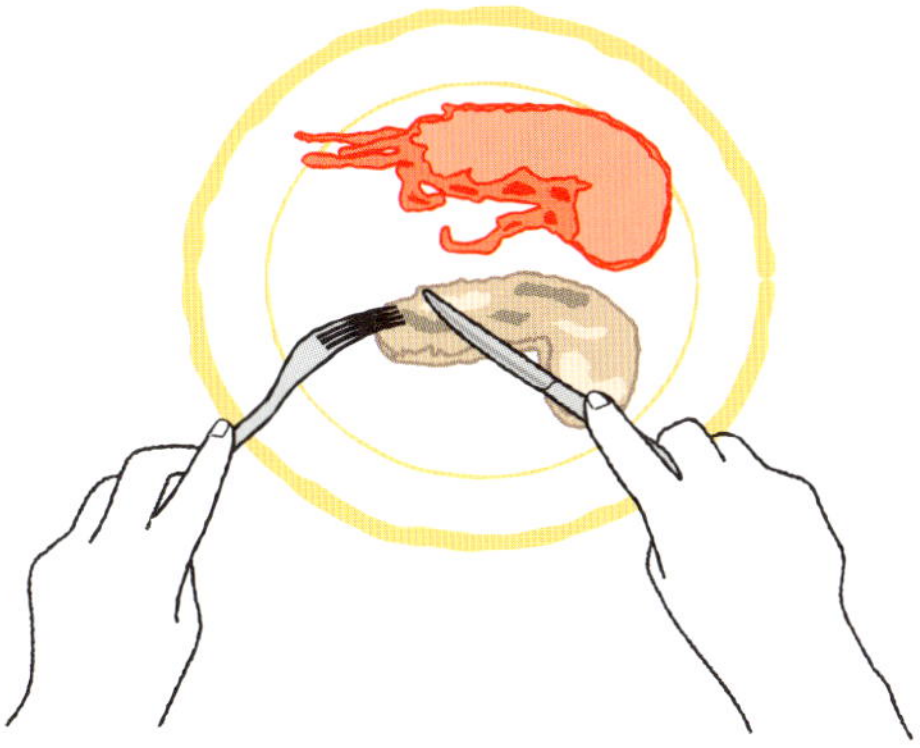

皿の手前に身を取り出し、身の左側から、一口大に切っていただきます。

そえられたレモンの使い方

レモンがそえられている場合は、レモンにフォークを刺《さ》し、汁が外に飛ばないように気をつけながら軽くしぼります。スライスレモンの場合は、料理の上にレモンをのせ、ナイフで軽くおさえて香りをつけます。

27 グラスなどのあつかい

グラス・コップをあつかうときは、落とさないよう慎重《しんちょう》にふるまうことが大切です。パーティなどで「乾杯《かんぱい》」をする機会も多いと思いますが、あらたまった席では、グラス同士を合わせることはせず、顔（目）の高さにあげて乾杯をします。

グラス・コップの持ち方

細い部分が短いグラスは、親指・人さし指・中指の3本で支えます。

細い部分が長いグラスは、5本の指すべてをのばすように、かるくもちます。

コップ類はすべての指でつかみます。置くときは、小指の先をまずテーブルにつけてから、音を立てないように静かに置きましょう。

フィンガーボール

フィンガーボールは、片手ずつ入れて使います。

手で食べてもよい料理のときは、指先をきれいにするために、水の入った容器「フィンガーボール」が出されることがあります。これを使用するときは、片手ずつ入れて指をこすり合わせ、ナプキンで水をぬぐいます。両手を同時に入れることはやめましょう。なお、フィンガーボールが出たからといって、かならず手でいただかなければならないということではありません。

5章

茶菓子のもてなし

28

お茶と菓子《かし》のいただき方

訪問先でお茶とお菓子がふるまわれた際のいただき方をご紹介いたします。

お茶と生菓子

1

茶碗《ちゃわん》は片方の手にのせて、もう片方の手を横にそえると安定します。両ひじがはらないように注意します。

2

生菓子《なまがし》は、ようじの先端《せんたん》をお菓子の中央あたりから入れて切ります。

3

食べやすい一口大にしてからいただきます。

お茶とお菓子は、どちらを先にいただいてもかまいませんが、とくに煎茶《せんちゃ》の場合など、繊細《せんさい》なお茶の味わいを楽しむには、お茶を先にいただくとよいかと思います。

和菓子をいただいたあとは、ようじを懐紙《かいし》で包んでおくとよいでしょう（「残菓《ざんか》包み」、70ページ参照）。

29 カップのあつかい、洋《よう》菓《が》子《し》のいただき方

▼カップとケーキ

1

紅茶やコーヒーにお砂《さ》糖《とう》やミルクを入れてまぜるときは、カップがきずつくので、スプーンをカップの底《そこ》につけて強くまわすのはやめましょう。まぜおえたスプーンはカップの向こうに置きます。

2

ケーキは端《はじ》から一口大に切っていただきます。

3

テーブルの位置が低い場合などは、片方の手にカップを持ち、カップの受け皿（ソーサー）をもう片方の手で持っていただきます。

30 お茶と菓子《かし》の出し方、持ち方の基本

お客さまにお茶やお菓子、料理などをお出しするさいのポイントをご紹介します。まず、お盆《ぼん》を持つときの作法として、日常で用いる2つの例をあげます。お盆のあつかいについては60ページもご参照ください。

乳通《ちどお》り

胸の高さに持ちます。料理や茶菓《さか》などを運ぶさいは、通常はこの位置でお盆《ぼん》やお膳《ぜん》をあつかうとよいでしょう。お盆を体から少しはなして、うで全体で円をつくるような気持ちで持ちます。

帯通《おびどお》り

着物の帯《おび》の位置、つまり腰《こし》の高さでの持ち方です。出した料理や茶菓を下げるさい、または座布団《ざぶとん》をあつかうときの高さです。

31 和室で茶《さ》菓《か》を出す場合

1

お盆を下座《げざ》側の畳に置きます。茶《ちゃ》碗《わん》にふたが付いている場合は、ふたをとって静かにお盆《ぼん》の中（布巾《ふきん》の上）に置きます。

2

お茶はお客さまから見て右側に、左側にお菓子がくるように、茶菓を出す人から見て、奥側に置くものからお出しします。ここでは右が奥なので、お茶を先にお出しします。

3

右手ですすめるときは、左手をそえましょう。

4

置く位置が遠い場合は、跪座《きざ》になってすすめます。おかわりは、茶托《ちゃたく》からはずしてからそそぎましょう。

32 洋室で茶《さ》菓《か》を出す場合

1

お盆《ぼん》をサイドテーブルに置きます。サイドテーブルがない場合はテーブルの下《げ》座《ざ》側に置きます。

2

お客さまから見て右側に飲み物、左側にお菓子がくるように、茶菓を出す人から見て、奥側に置くものからお出しします。ここでは右が奥なので、先に飲み物をお出しします。

3

右手ですすめるときは、左手をそえるとよいでしょう。

4

次にお菓子をお出しします。

お盆《ぼん》には、自分から見て右側に飲み物、左側にお菓子を置きます。カップの受け皿(ソーサー)には、右側に持つ方がくるようにスプーンをそえます。ケーキ皿のフォークも同様にします。ケーキについているセロファン紙などははずしておきます。

6章

物の受けわたし

33

ていねいな物のあつかい方

物のあつかいは「重い物は軽く、軽い物は重く」が基本です。どのような物もていねいにあつかうこころを持ちましょう。

軽い物

人からお借りした本やノートなどは、軽い物でも見た目より重々《おもおも》しく、ていねいにあつかいましょう。

重い物

花瓶《かびん》やあつい本などの重い物は、しっかりと支えながらも、気持ちとしては軽やかにもちます。

お盆をテーブルなどに置くとき

1

まず左向こう側の角をつけます。

2

次にその反対側（右側）の角をつけます。

3

手前の辺を静かに置きます。
＊丸いお盆は、向こう側一点をつけてから、円を描《えが》くように静かに置きます。

物をはこぶときに使うお盆《ぼん》は、どのようなときでも片手でなく、両手であつかいます。
持つときは、親指をお盆のふちにかけ、残りの指はそろえて、お盆を下から支えます。
お盆を置く場合も、静かにていねいに置きましょう。

34

物の受けわたし

品物をわたすときは、どのような物でも、相手がとりやすく、すぐに使用できる状態にしておきましょう。わたしたあとは両手を同時にはなすのではなく、片手ずつ引くようにすると安全かつ美しいしぐさになります。

ハサミ

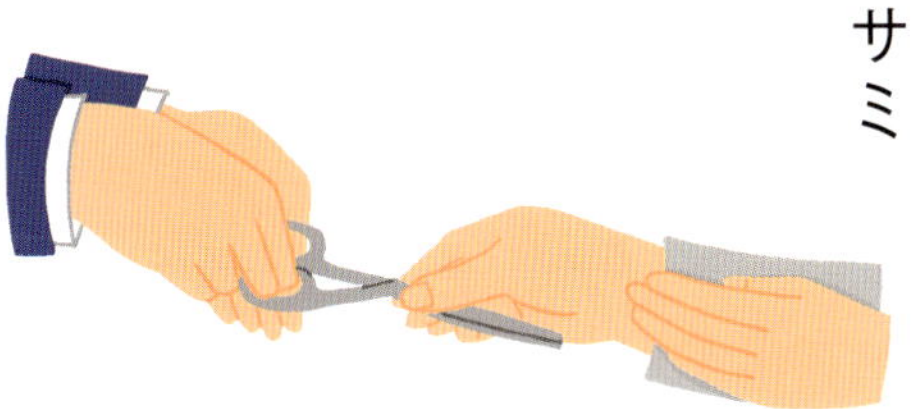

刃《は》の先を自分の方に向け、真ん中あたりを右手で持ち、左手をそえて確実《かくじつ》にわたします。
刃物の刃を持ってわたすと、危険なだけでなく、手の汚れや油が刃につく可能性もあります。ナイフなども刃にはさわらないようにしましょう。

花束《はなたば》

左手で花の部分に手をそえて、右手で束《たば》ねた部分をもちます。
相手にわたす時は取り回し、右手に花の部分、左手が束ねた部分になるようにし、相手が受け取りやすいようにします。

本、ノート

わたすさいは、本の向きが相手の正面になるようにいたしましょう。
相手の右手が出たら自分の左手、左手が出たら右手を引いてはなします。

賞状《しょうじょう》

相手が賞状をこちらにわたしてくださるときに一歩近づきます。
ていねいに、感謝の気持ちで受けとることが大切です。
両手を一度に出して受けとることのないように注意しましょう。

ボールペンなど

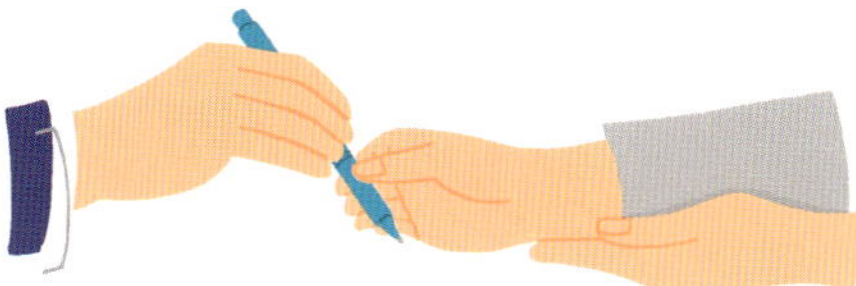

ペンのインクが出るかを確認してから、相手が取りやすいようにわたします。

35

五節供《ごせっく》について

五節供とは？

日本人は昔から、おもに米や作物を育て食べ物を得る「農耕民族《のうこうみんぞく》」だったため、自然の力の大きさに対して自分たちの無力さを感じながらも自然への感謝を忘れずに、自然とともに生きていました。だからこそ、春夏《しゅんか》秋冬《しゅうとう》、四季《しき》をとおしてさまざまな年中行事《ねんちゅうぎょうじ》をおこない、神さまに祈りをささげる文化がはぐくまれてきたのでしょう。

　その代表的なものが、「節供《せっく》」です。現代では3月のひなまつり、五月のこどもの日、七月の七夕《たなばた》がよく知られ、耳にすることも多いかと思いますが、節供は一年を通じて五回あり、これを「五節供《ごせっく》」と呼びます。

　五節供はもともと中国で生まれた行事が日本に伝えられたもので、豊作を祈ることと同時に、神さまへささげものをすることによって、悪いことやけがれをなくし清《きよ》める（厄《やく》をはらう）という思いもこめられています。

　節供は文字どおり「節《ふし》目《め》」で、季節の変わり目でもあります。体調をくずしやすいため、注意して健康管理につとめるという意味もあったのでしょう。それがしだいに「お祝いの日」として定着していったと考えられます。

　次に、五節供の解説と、「床飾《とこかざ》り」（和室の床《とこ》の間《ま》を飾りつけること）の例をあげます。季節を感じにくい現代の暮らしの中でも、このような飾りを用いて、できるだけ季節感を生活に取り入れ、大切にするようにと、こころがけましょう。

1月7日　人日《じんじつ》の節供《せっく》

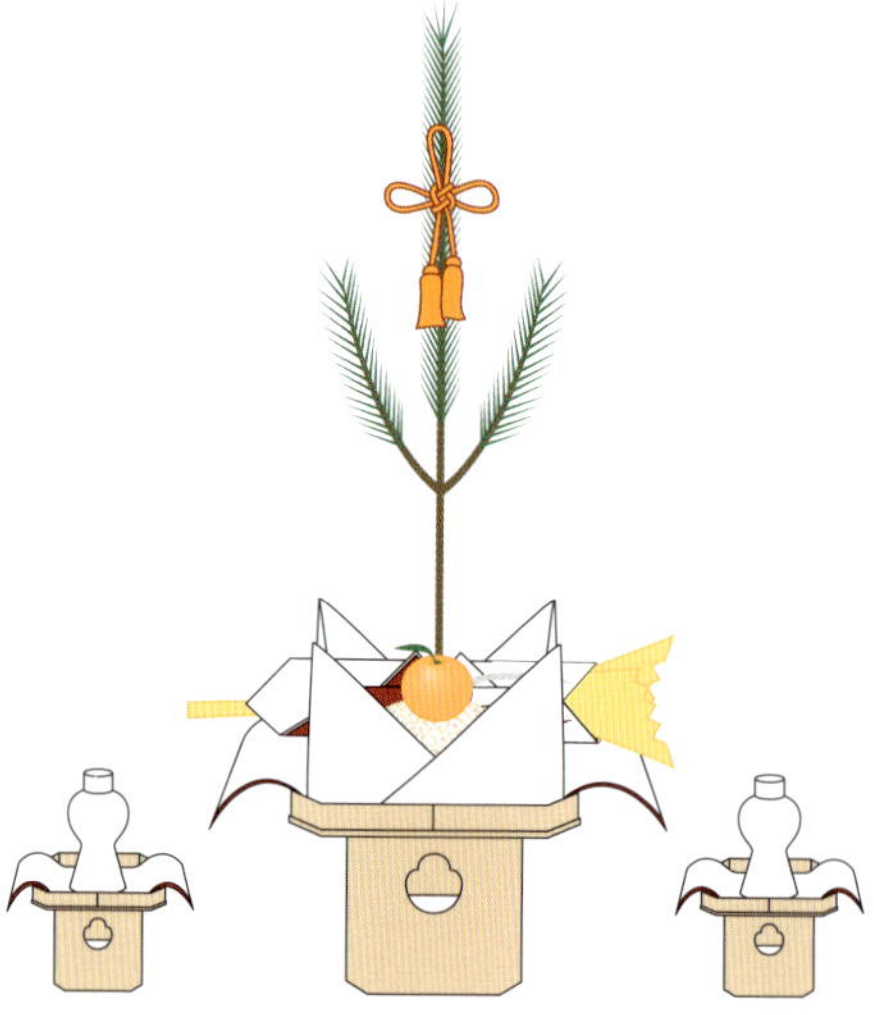

いまではあまりなじみのない節供ですが、この日は七草《ななくさ》がゆを食べる風習が残っています。
床飾《とこかざ》りは五節供の中でももっともシンプルで美しい飾りです。

3月3日 上巳《じょうし》の節《せっ》供《く》

ひなまつりとしてよく知られ、桃《もも》の節供、女の節供ともよばれます。ひな人形は、もともと自分の身に起こる悪いこと（災厄《さいやく》）を身代わりで受けるためにつくられたものともいわれています。床飾《とこかざ》りはひな人形のほかに桃の花、菱餅《ひしもち》、ハマグリ、熨《の》斗《し》などを飾ります。

7月7日 七夕《たなばた》の節《せっ》供《く》

織姫《おりひめ》、彦星《ひこぼし》の伝説と結びついて一般に広まった節供です。笹竹《ささたけ》を川や海へ流す風習もあります。
床飾《とこかざ》りは、笹に五色《ごしき》の短冊や糸をつけ、ウリ、2匹を水引《みずひき》で結んだ干しアユ、熨《の》斗《し》などを飾ります。

5月5日 端《たん》午《ご》の節《せっ》供《く》

子どもの日、男の子の節供としても知られているこの日は、菖蒲《しょうぶ》の節供とも呼ばれます。菖蒲はその香りで悪いことを追い払うと考えられています。こいのぼりは、男の子の成長、出世を願い飾られるものです。
床飾《とこかざ》りは、ちまき、菖蒲、兜《かぶと》、熨《の》斗《し》などを飾ります。

9月9日 重陽《ちょうよう》の節《せっ》供《く》

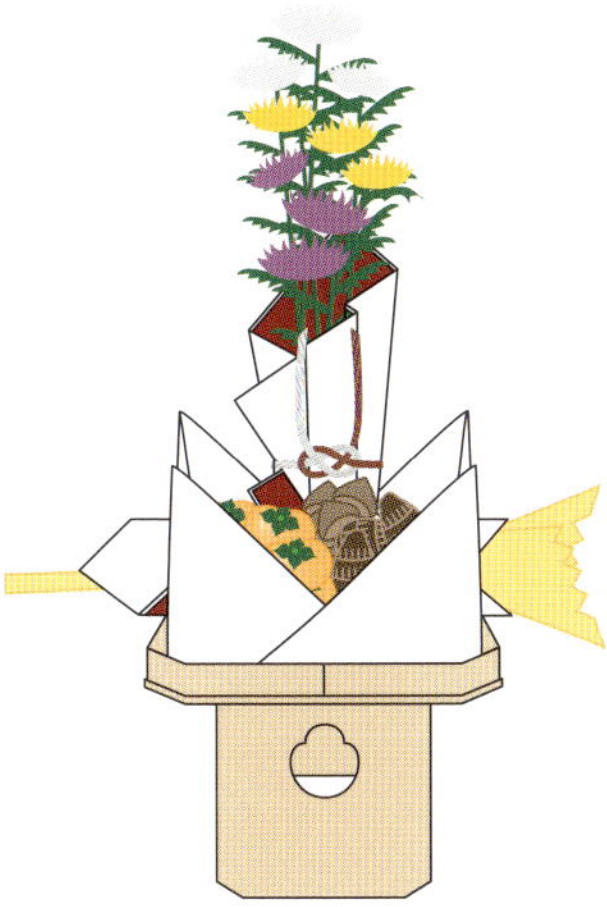

菊の節供とも呼ばれますが、現代ではなじみのない節供でしょう。菊の花をひたした酒は悪いことを消す、清《きよ》めの力があると伝わり、重陽の節供に欠かせないものです。
床飾《とこかざ》りは、菊の花、栗《くり》、柿《かき》、里芋《さといも》、熨《の》斗《し》などを飾ります。

コラム　ことば遣《づか》い2

おとなの方に向けて、特に使っていただきたいことば遣《づか》いをご紹介いたします。

ご家庭においても、お子様が幼いころからこのようなことばを耳になさることによって、自然に美しいことば遣いを身につけることができるでしょう。

はじめのうちは恥ずかしいというお気持ちがあるかもしれませんが、慣れると違和感なく用いていただけるのではないかと思います。

［使っていただきたいことば遣い］

ありがとう存じます

「ありがとうございます」ではなく、「ありがとう存じます」を用いましょう。

「存ずる」は「思う」「知る」「考える」の謙譲語で、丁寧語の「ます」を用いることによって、丁寧な印象に変わります。「申し訳なく存じます」「光栄に存じます」など、あらゆる場面で活用することができます。

おそれいります

一般的に「すみません」ということばを用いる傾向があります。「おそれいります」は、お礼、お詫《わ》び、依頼ごとなど、あらゆる場面で活用することができる美しい表現です。

とんでもないことでございます

「とんでもない」は「と(途)でもない」が変化したことばで、思いもかけない、滅相《めっそう》もないという意味ですので、「とんでもございません」は誤った表現です。

「とんでもないことでございます」または「とんでもないことです」を用いましょう。

承知いたしました

目上の方には「了解いたしました」ではなく、「承知いたしました」「かしこまりました」が好ましく、丁寧な表現です。

ご容赦《ようしゃ》ください

「申し訳ありません」よりも「ご容赦ください」とすると、大きく印象が変わります。

失念いたしました

「忘れました」は幼い表現です。おとなの方は、「失念いたしました」を用いましょう。

7章

折り方・包み方

36 包《つつ》みのこころ、折形《おりがた》のこころ

「折形《おりがた》」とは、日本の伝統的な折り、包《つつ》みのことです。紙は昔から貴重品《きちょうひん》で、「白」は清《きよ》らかさの象徴であり、贈《おく》り主《ぬし》の清浄《せいじょう》なこころ、さらには贈り物をけがれから守ることも表しています。和紙《わし》を折り目正しく折り、こころをこめて物を包んで渡すことは、日本人が大切にしてきた独自の文化です。

贈り物をなぜ紙で包むのか、包むことの意味をよく考えながら、代表例をいくつか確認してまいりましょう。折るときは、上手下手《じょうずへた》にかかわらず、一つひとつこころをこめて折る気持ちも大切です。

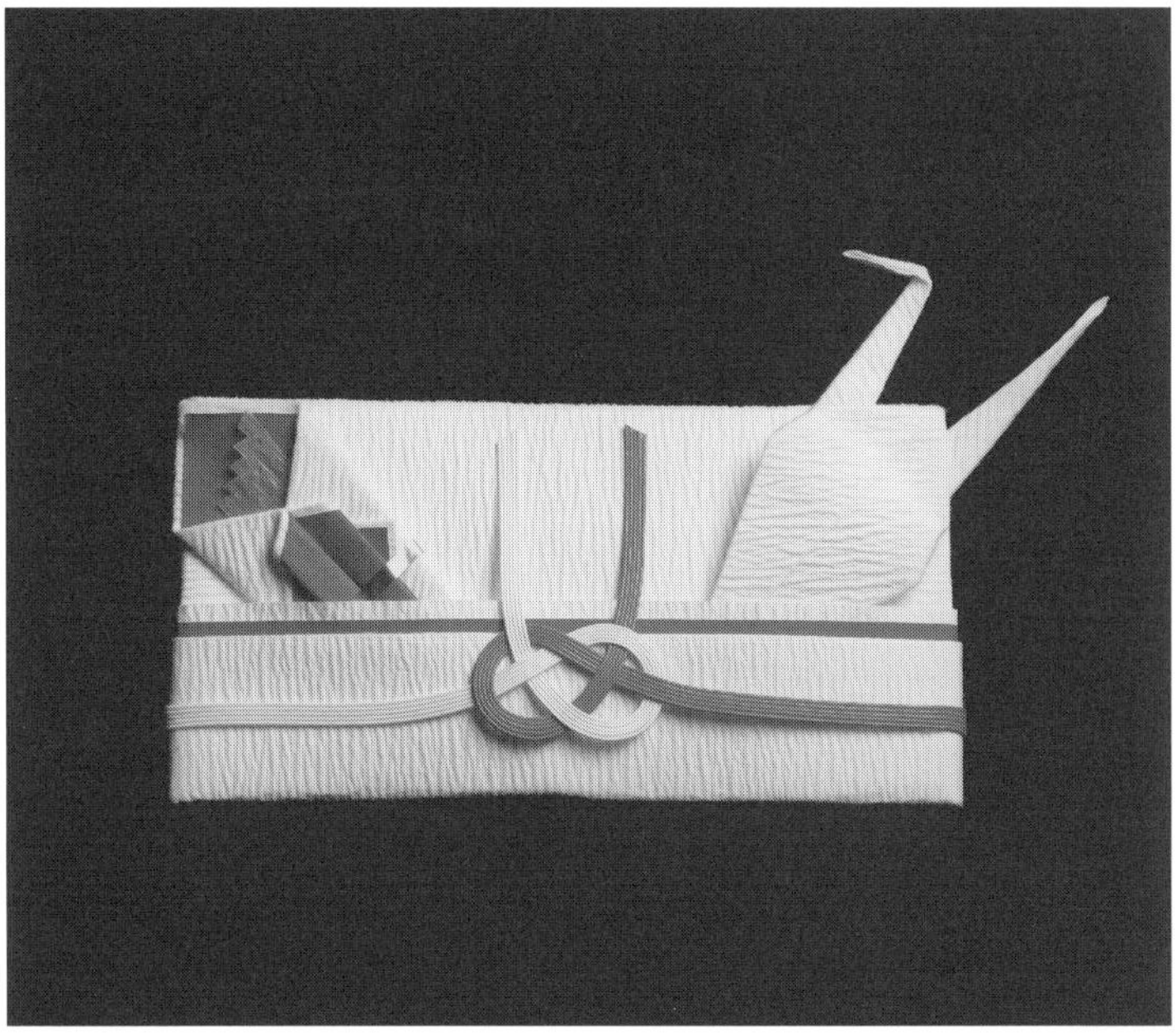

▼鶴《つる》と熨斗《のし》の祝い包み

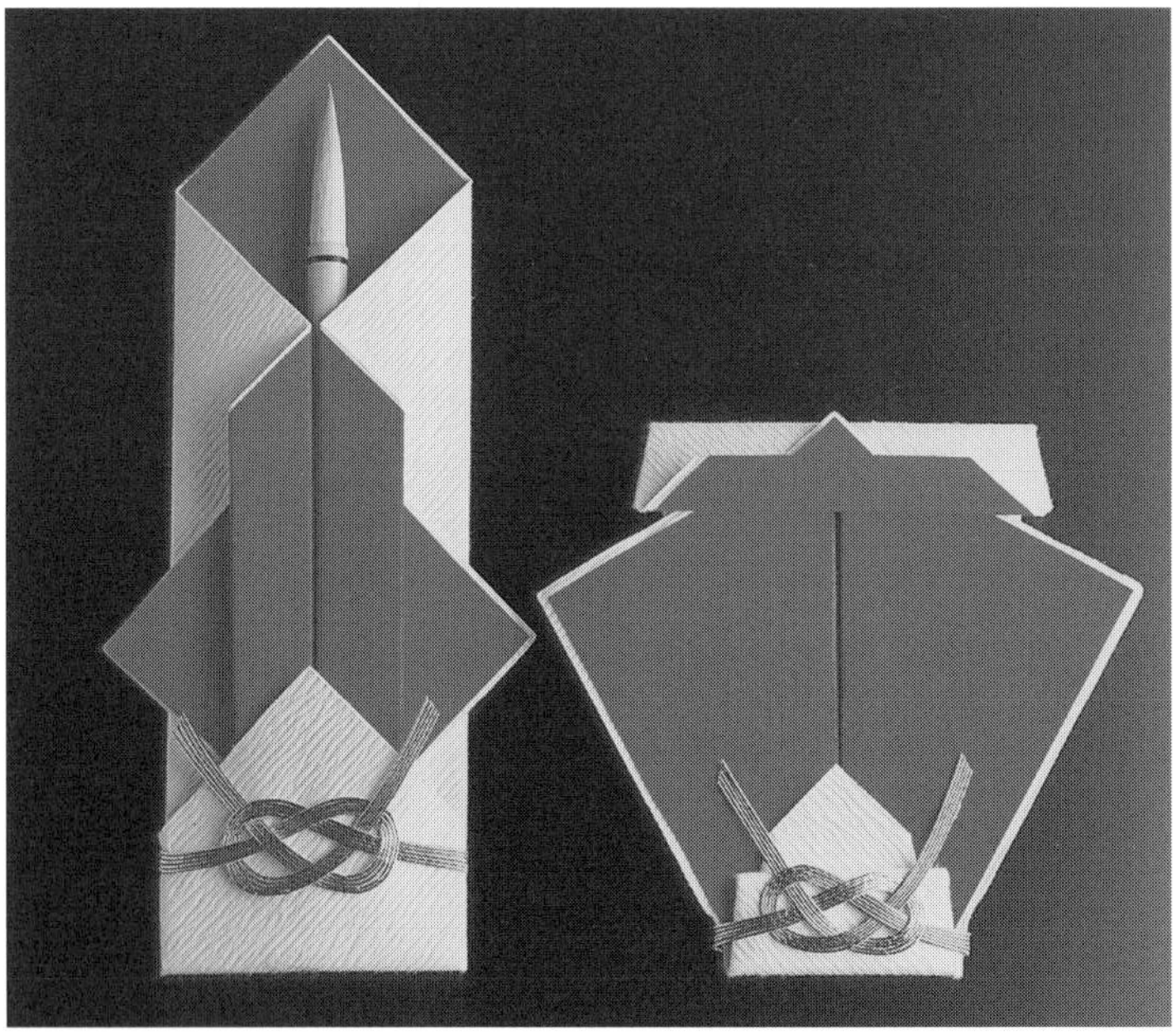

▼筆《ふで》包み、墨《すみ》包み

かいしき

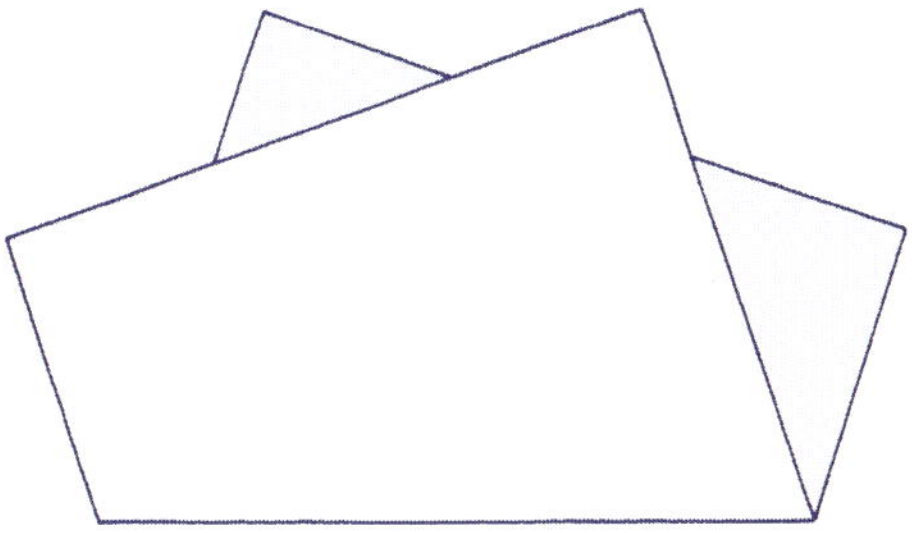

凶事《きょうじ》

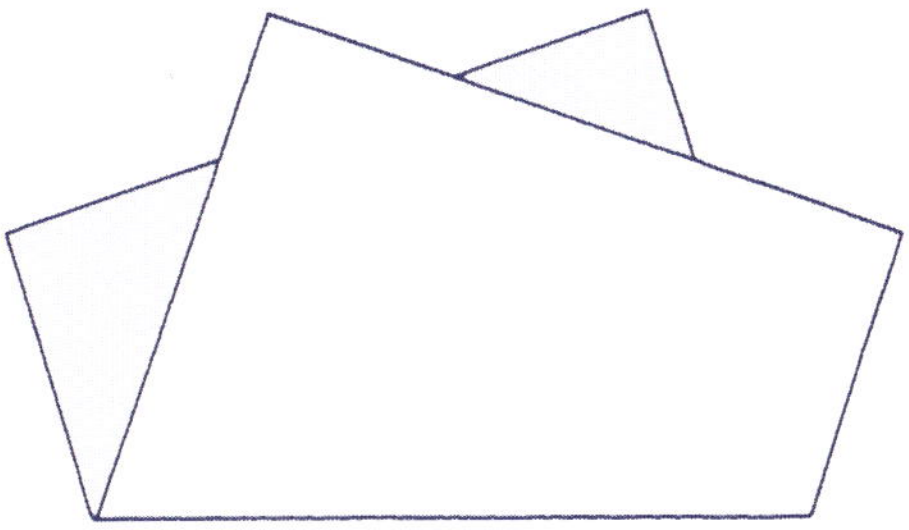

吉事《きちじ》

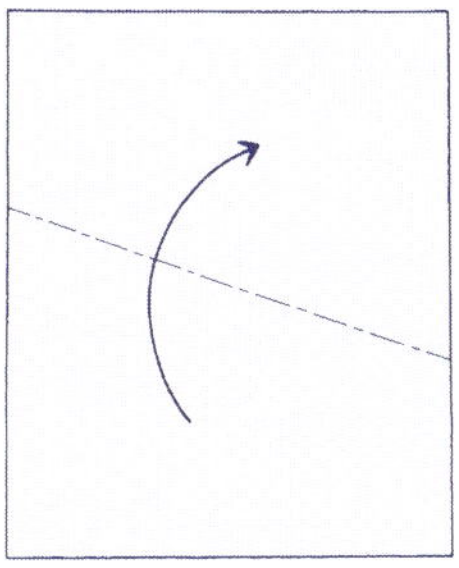

折り方図の見方
山折り線（∧に折る）--------
谷折り線（∨に折る）—・—・—・—

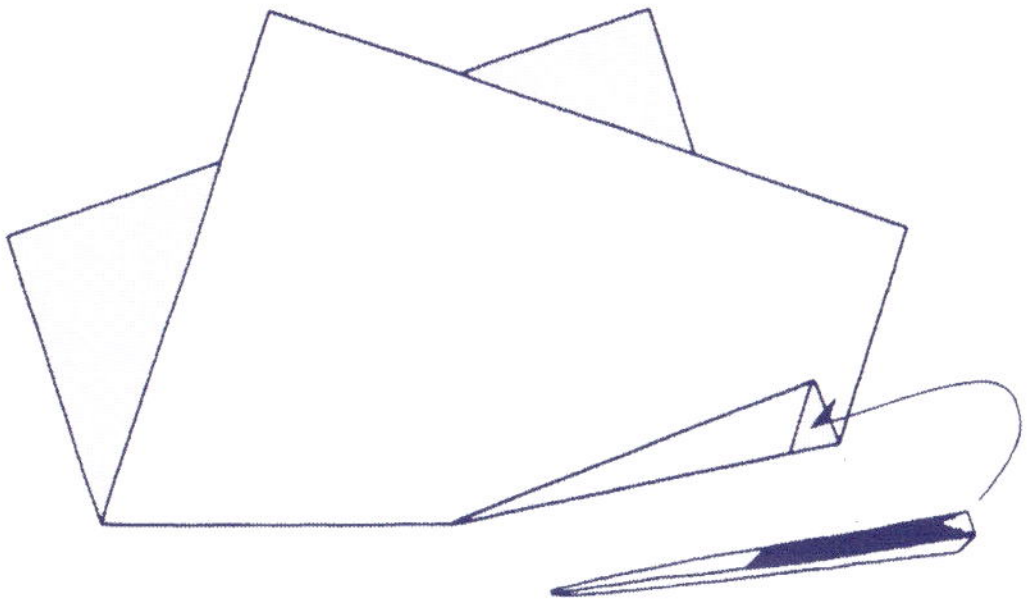

ようじをそえるとき

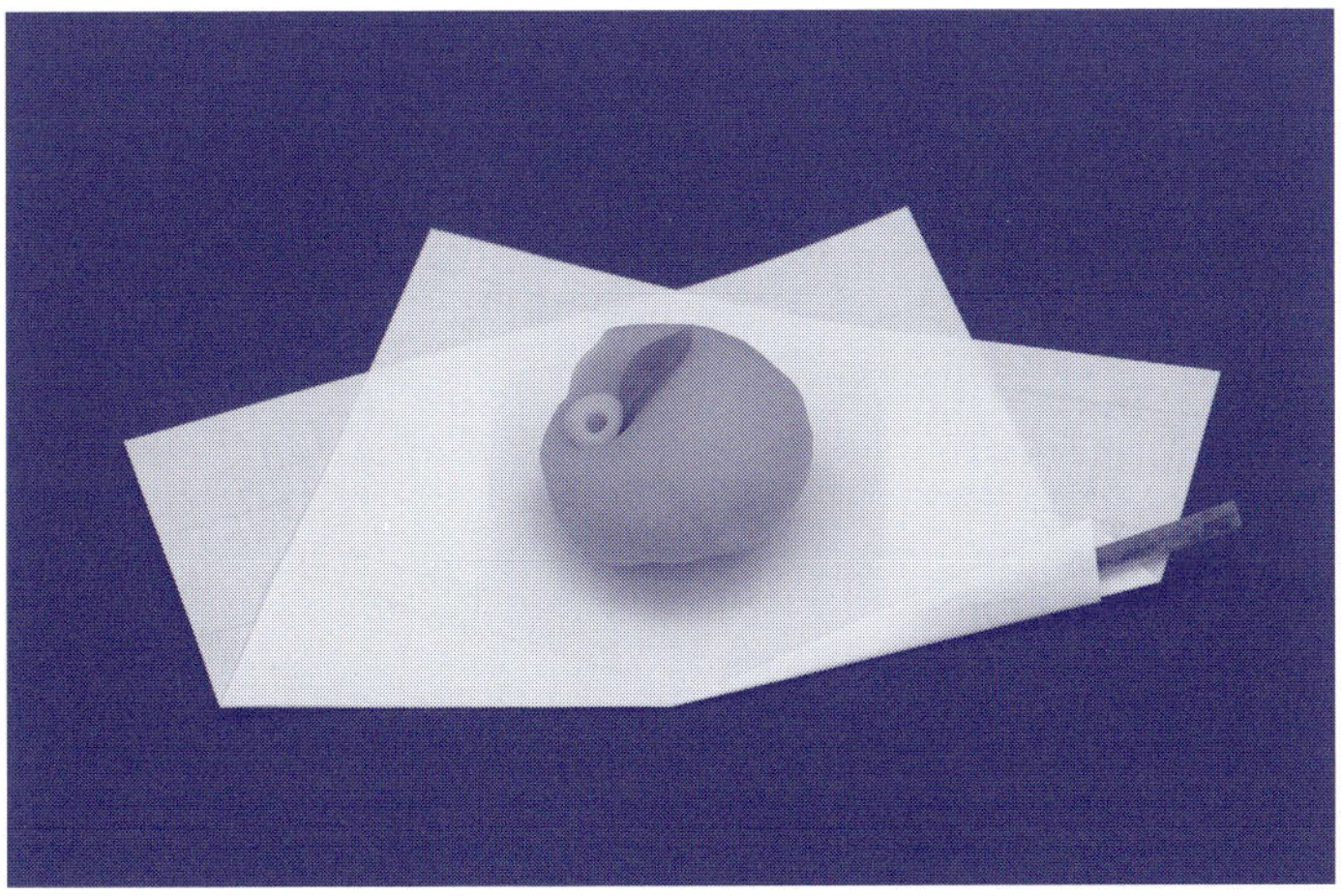

かいしき完成図

お客さまにお菓子を差し上げるときに用いられる敷《し》き紙の折り方です。

懐紙《かいし》や縁紅《ふちべに》（縁が紅色に染められた懐紙）が用いられることが多く、吉事《きちじ》と凶事《きょうじ》によって折り方が異《こと》なります。

ようじを使うお菓子には、かいしきの端《はし》を折り上げて差し込めるようにします。

37

箸包《はしつつ》み

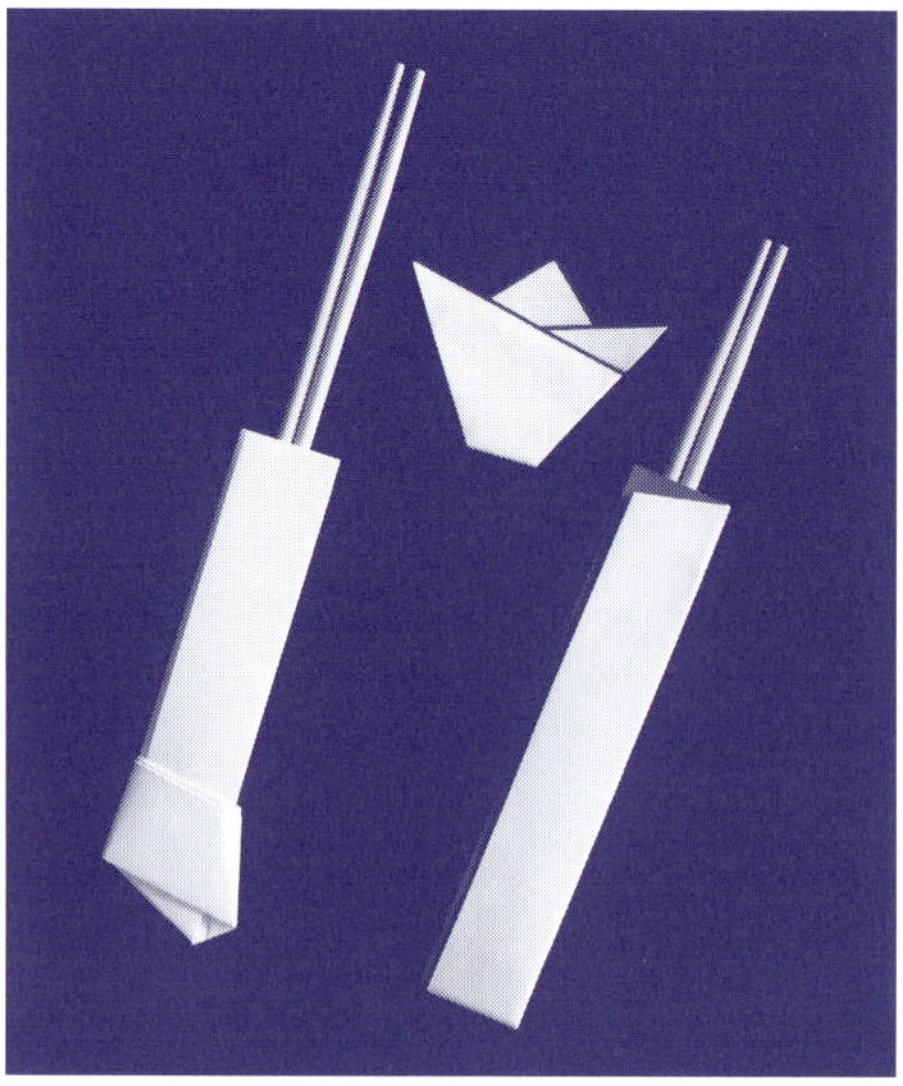

古来、箸は神聖《しんせい》なものとされ、とくに柳《やなぎ》の木でつくった白木《しらき》（塗《ぬ》りのないもの）の箸は「柳箸《やなぎばし》」とよばれ、最高格のものです。その白木の箸を包む「箸包み」は、お正月やお客さま用として用いられます。簡単に包む例をひとつご紹介します。

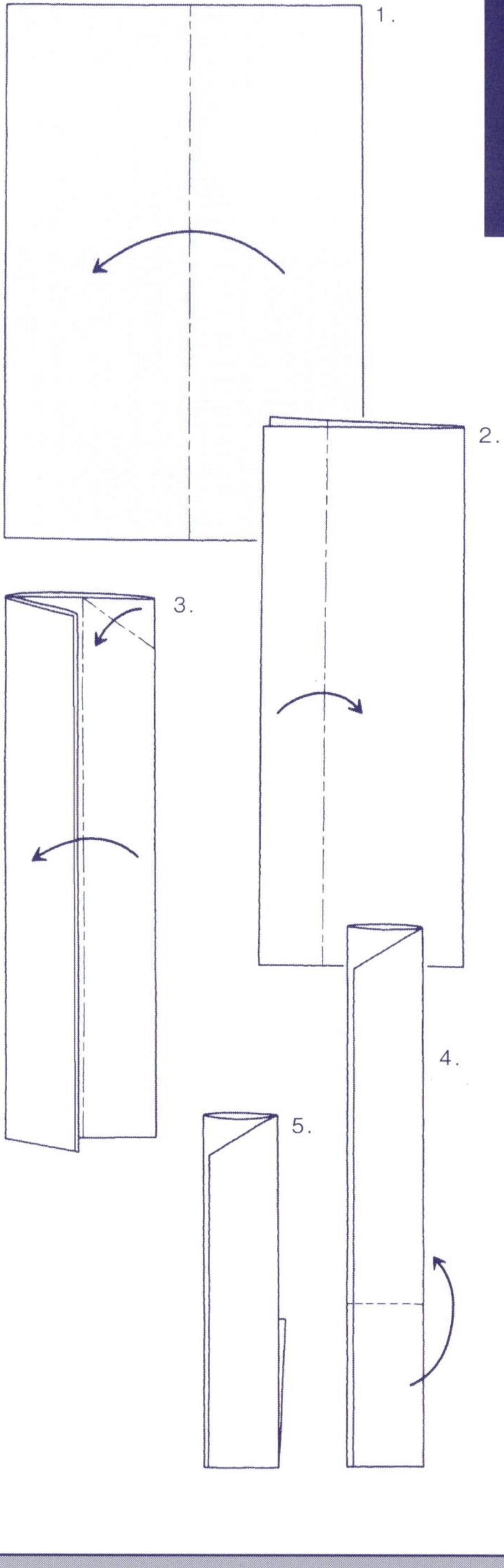

折り方図の見方
山折り線（∧に折る）- - - - - - -
谷折り線（∨に折る）—·—·—·—·

38 万葉包《まんようつつ》み

箱に入った贈り物用に用いられるのがこの包みです。

中央に折《お》り出した、縦《たて》の折《おり》ひだの美しさが、贈り物を引き立てます。

包んだ上から水引《みずひき》（71頁）をかけると、さらに引きしまった感じに仕上がります。

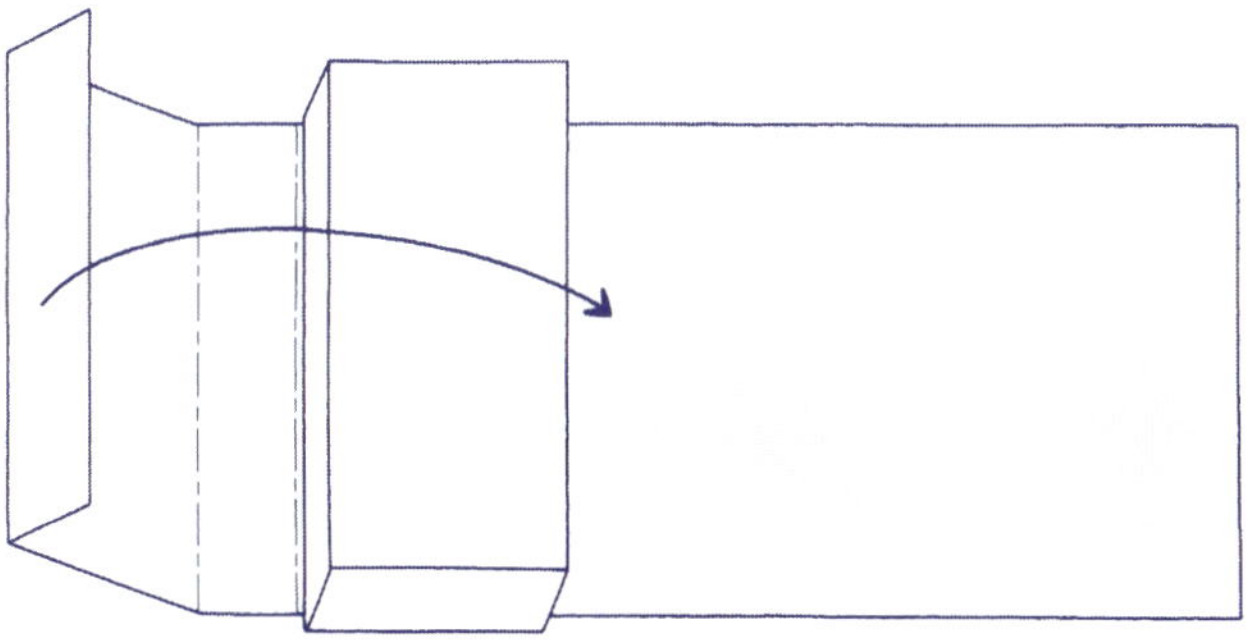

1. 紙の天地《てんち》を、箱の上下が少し見える長さに調節します。

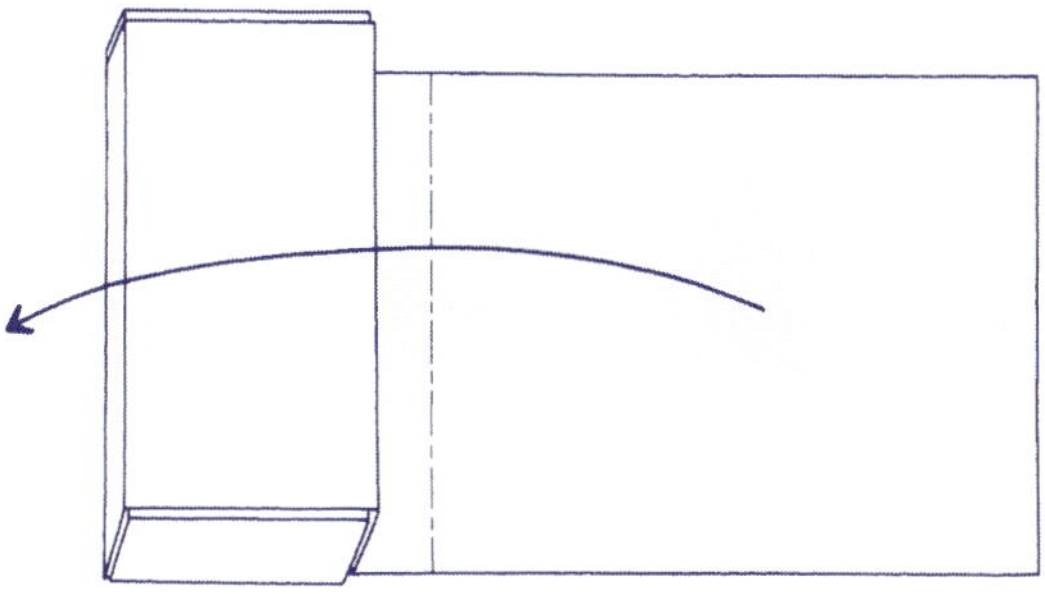

2. 紙の左端《ひだりはし》を箱の右下にあわせ、折り包んでいきます。

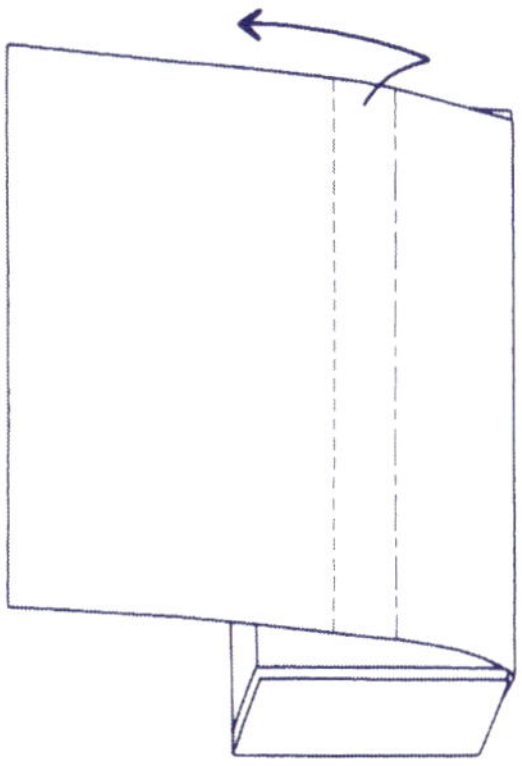

3. 箱の上に重なる紙の部分を山・谷に追って、箱の中央に箱幅《はば》3分の1ほどのひだをつくります。

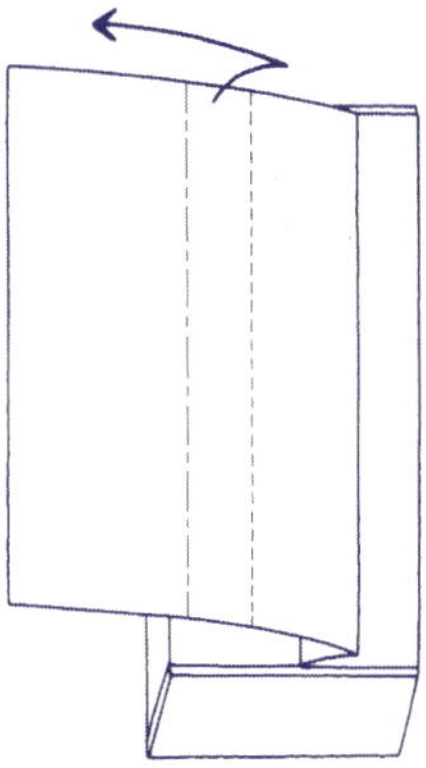

4.

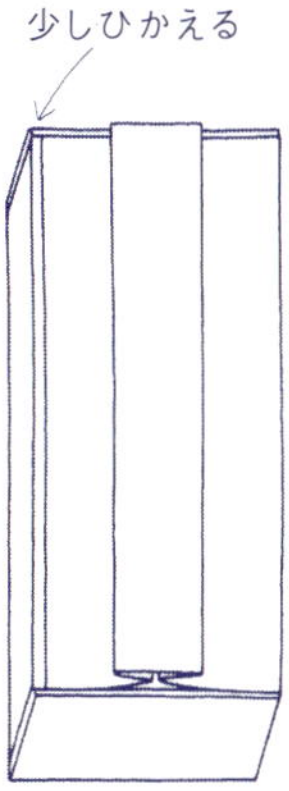

5. 折り上がった紙の端が、少し内側に入るように仕上げます。

39

残《ざん》菓《か》包み

訪問先などでお茶菓子をふるまわれるさい、残さずにいただくことが相手へのこころづかいではありますが、もし残ってしまった場合には、この「残菓包み」で持ち帰るとよいでしょう。

1.

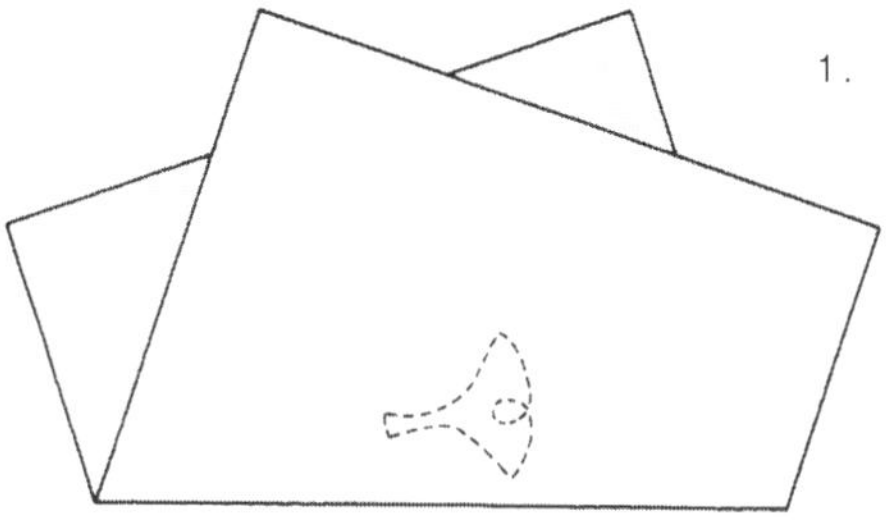

2.

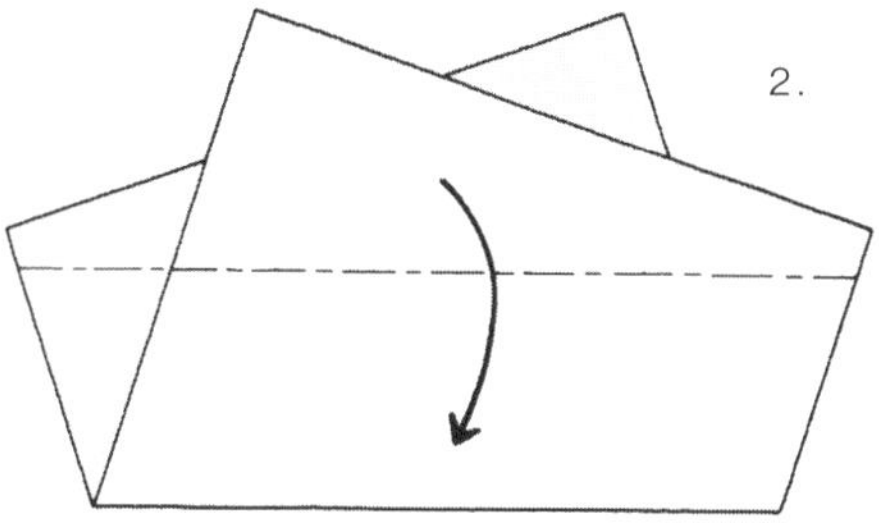

3.

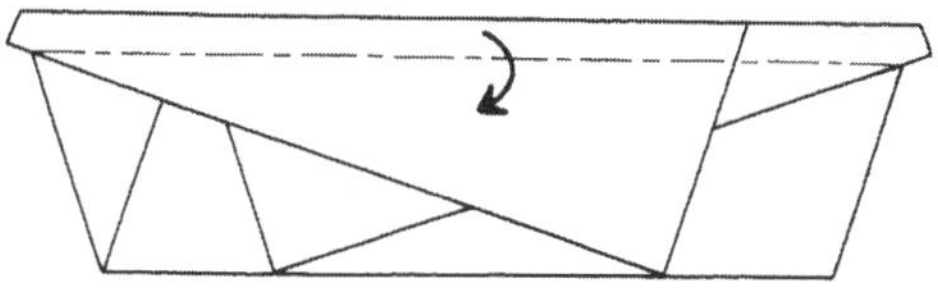

4.

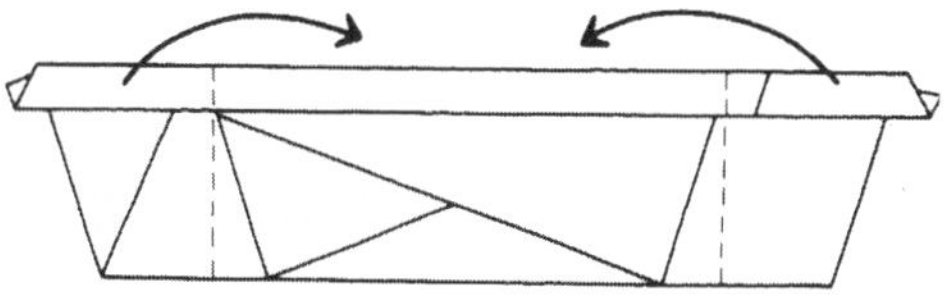

5.

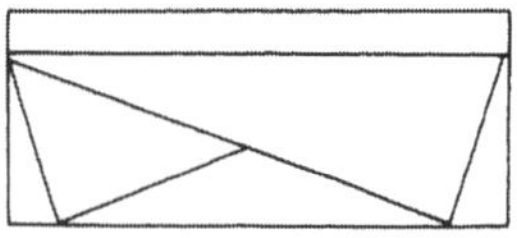

折り方図の見方

山折り線（∧に折る）-------

谷折り線（∨に折る）—·—·—·—

40

水引《みずひき》について

贈り物を包むとき、折形《おりがた》とともに「水引《みずひき》」が大切な役割をはたします。
水引は、包み紙にかける紅白や黒白、金銀などの帯《おび》ひものこと。
結び目には、相手に対する贈る側のこころが表現されます。

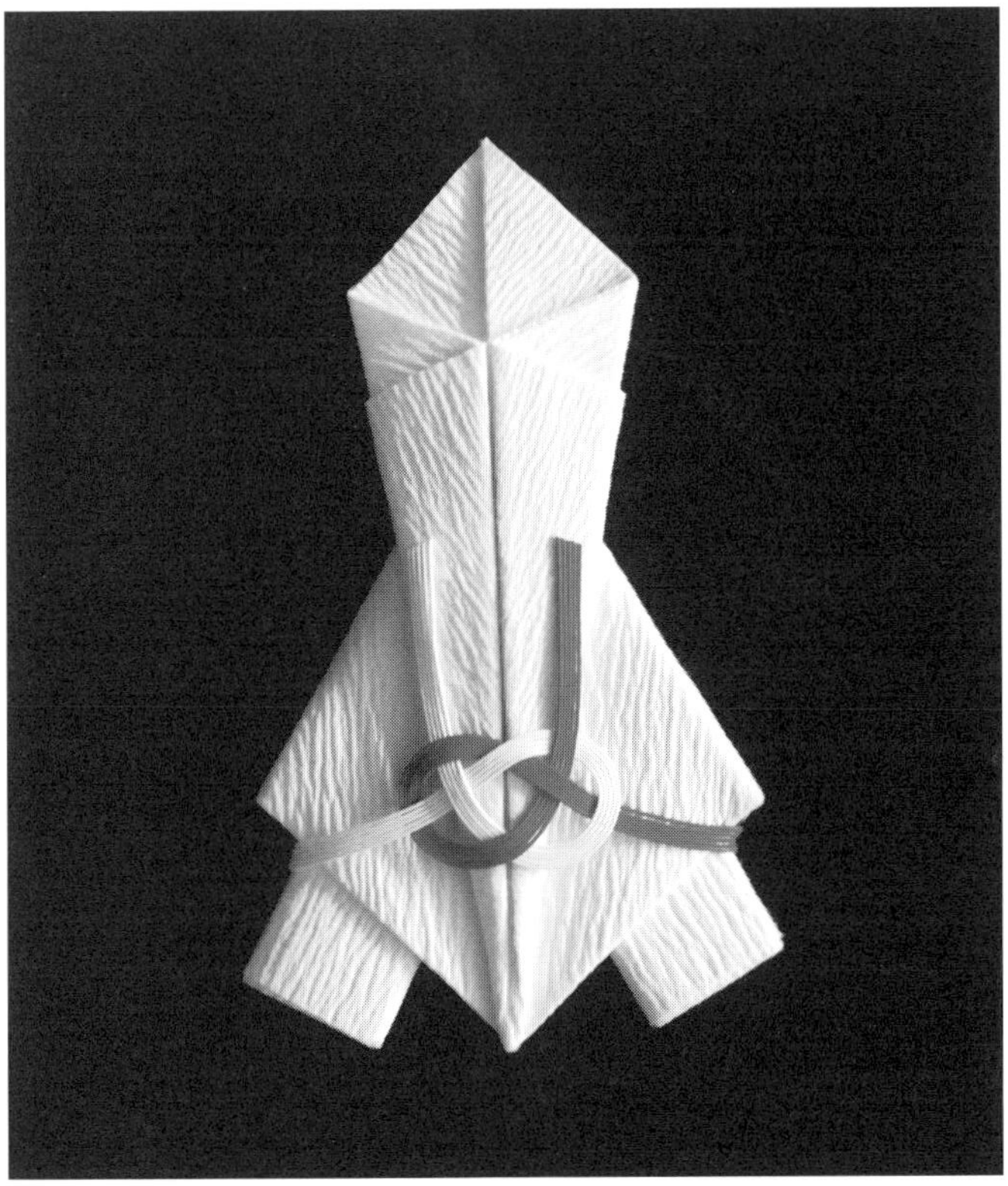

現在では、あらかじめ紙に水引《みずひき》が印刷されたものが多く用いられますが、かつては贈《おく》り主《ぬし》がこころをこめて、自分で結んでいました。
ここからは、日常生活でも活用できる代表的な3種類の結び方を確認してまいりましょう。
「真結《まむす》び」「もろわな結び」「あわび結び」をおぼえておくと、慶事《けいじ》や弔事《ちょうじ》のさまざまな場面に対応ができます。

41

水引《みずひき》の結び方①

シンプルながら端正《たんせい》で品格のある「真結《まむす》び」は、別名「結び切り」ともよばれます。慶弔《けいちょう》いずれにも用いられ、水引の結びは「これさえおぼえておけばよい」ともいわれる代表的な結び方です。

▼真結《まむす》び

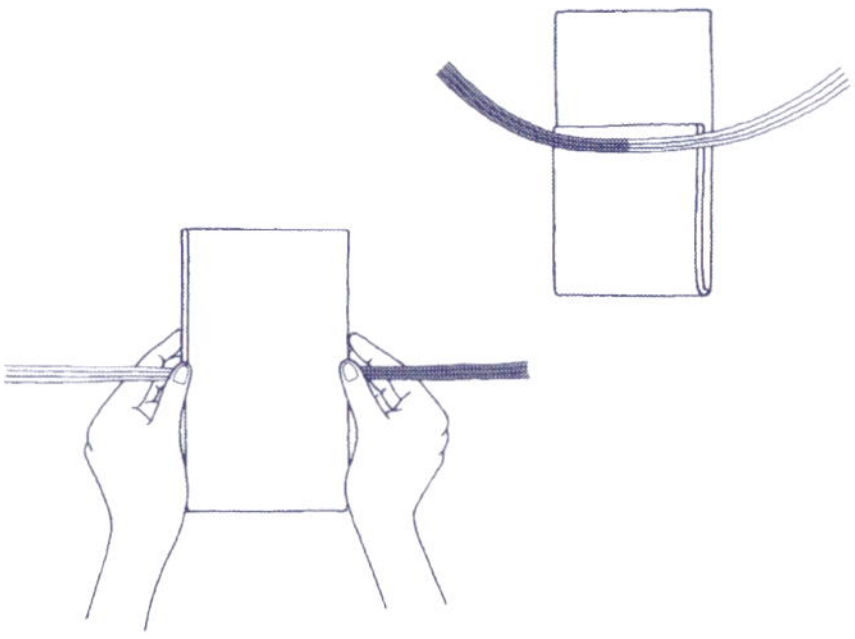

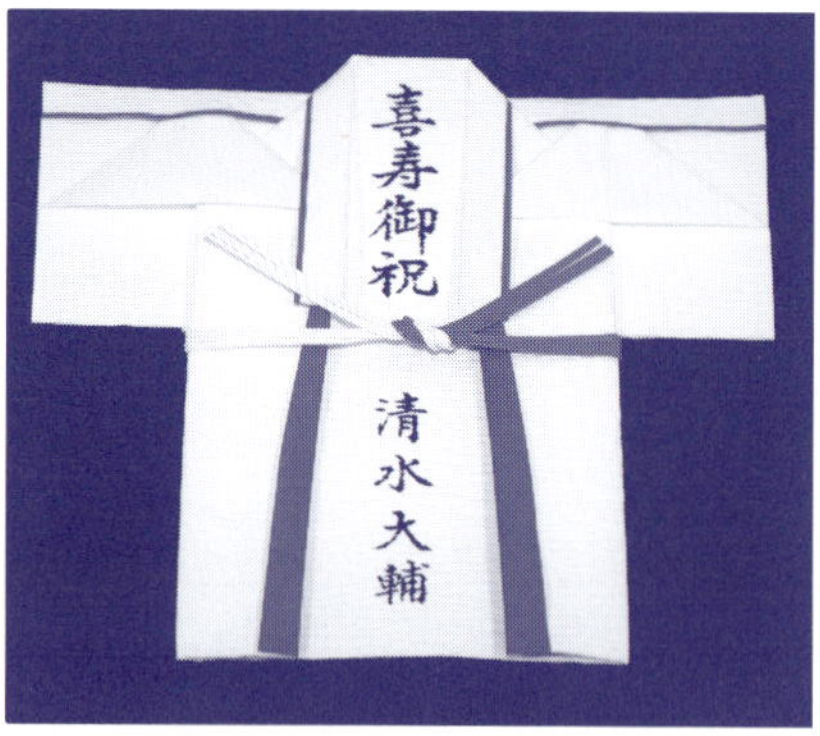

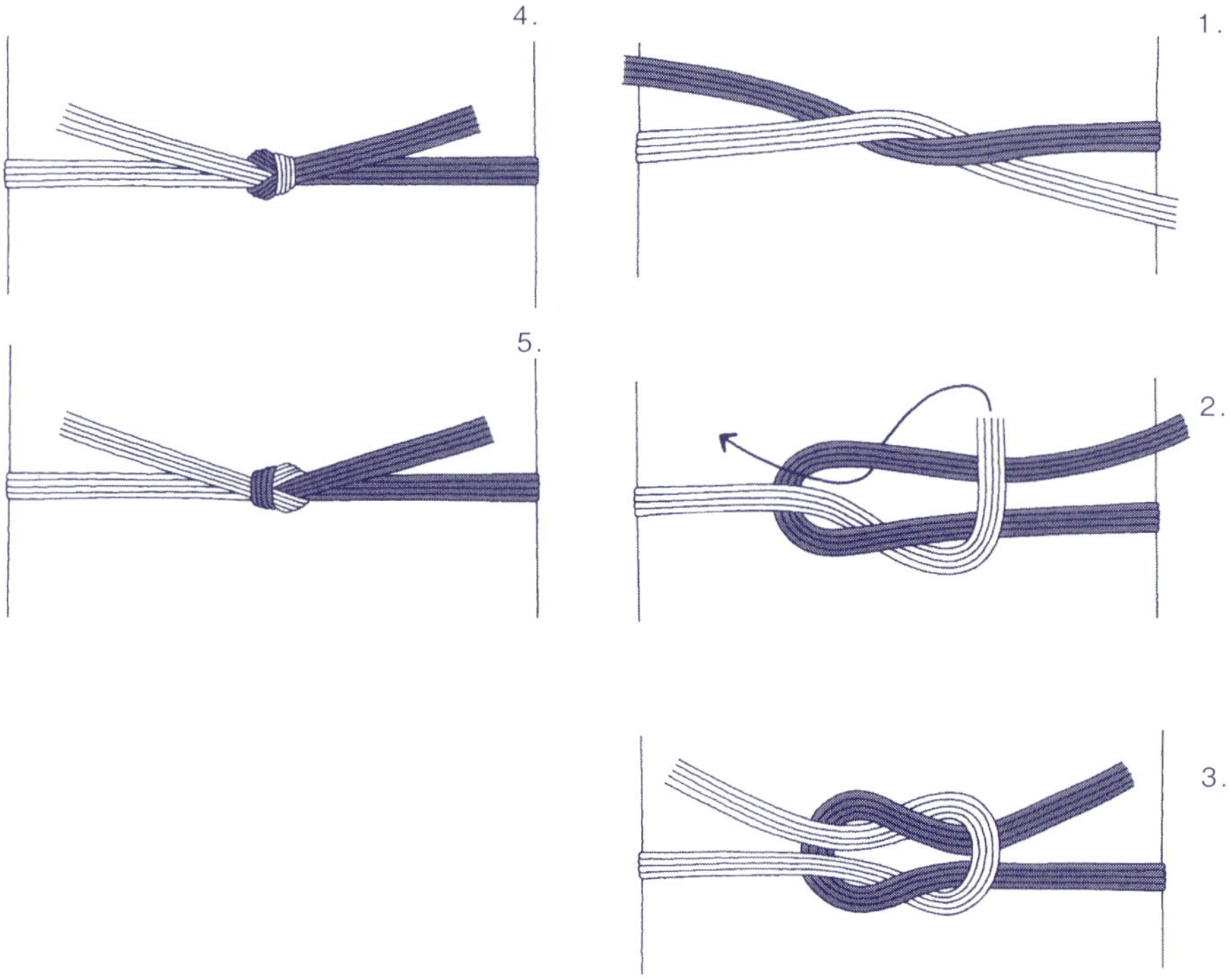

水引は、白赤や白黒の水引は折れやすくあつかいがむずかしいため、比較的《ひかくてき》あつかいやすい金銀で練習するとよいでしょう。

すべての結びは、折りはじめにその幅《はば》に合わせてアタリ（折り目）をつけます。このときすべてのすじをそろえ、しっかりと折り目をつけるかどうかで、仕上がりがまったく異《こと》なります。結び目がゆるんでしまうと全体の印象をそこないますので注意いたしましょう。

42

水《みず》引《ひき》の結び方②

水引の基本的な結びで、現代の生活の中でひんぱんに目にする機会もあるでしょう。
別名「淡路《あわじ》結び」ともよばれます。
このほか慶事《けいじ》に用いる「あわび返し」と、弔事《ちょうじ》に用いる「逆あわび」があります。

あわび結び

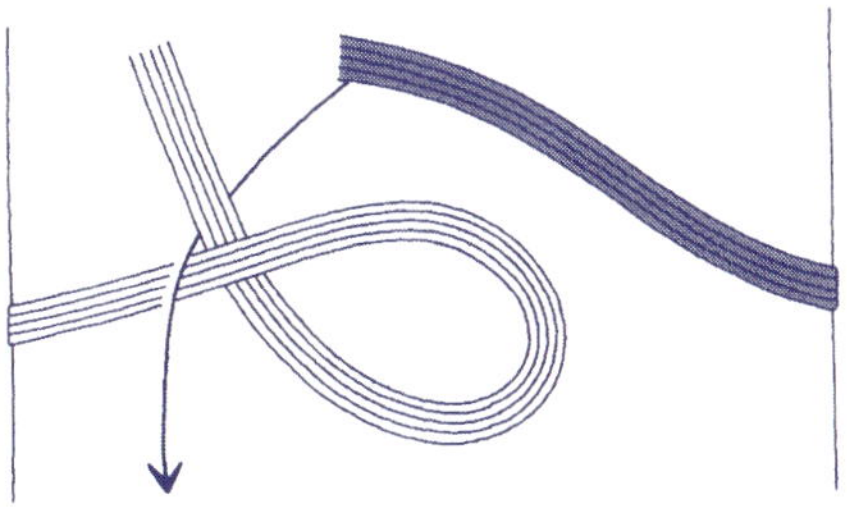

1.

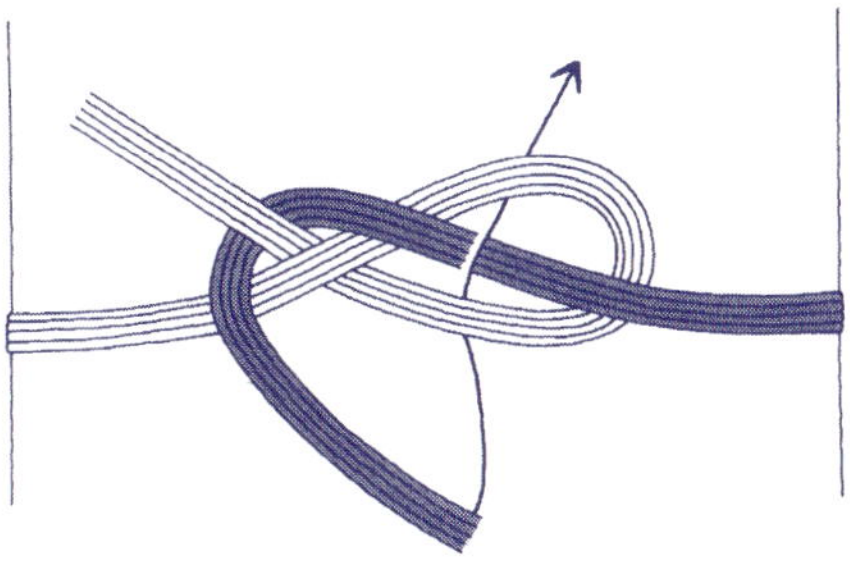

2.

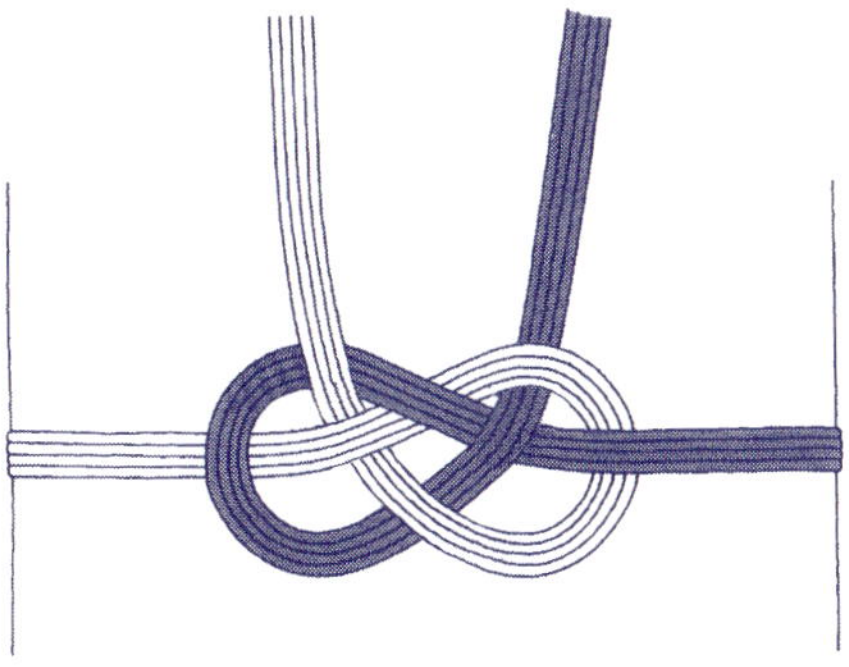

3.陰《いん》の結び

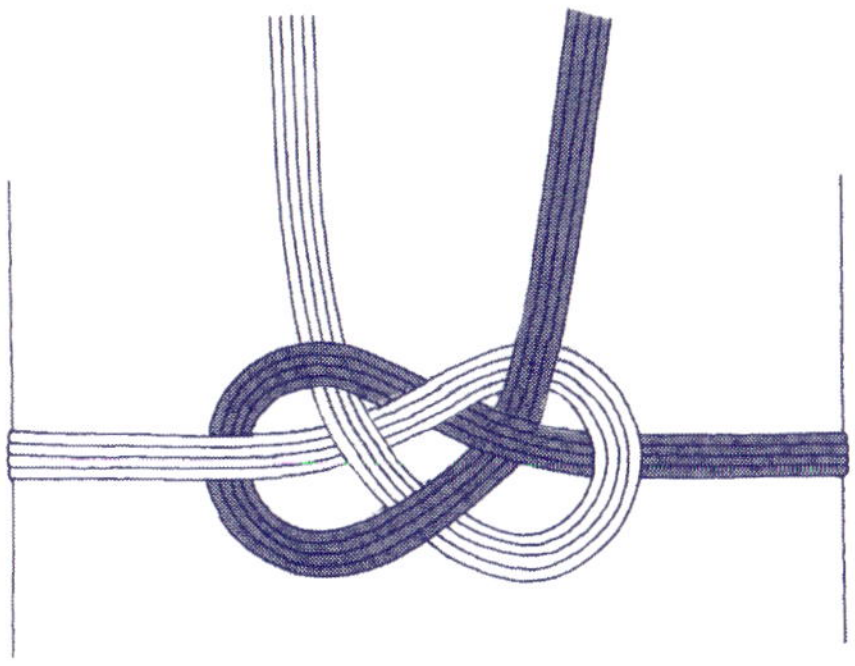

4.陽《よう》の結び

43 水引《みずひき》の結び方③

一般的には「ちょう結び」「リボン結び」とよばれる結びです。かんたんにほどけるのが特徴です。結婚式などはほどけにくい「真結び」や「あわび結び」を使用しますが、この結びは「何度重《かさ》なってもよいこと」に用います。したがって、弔事《ちょうじ》には用いません。

もろわな結び

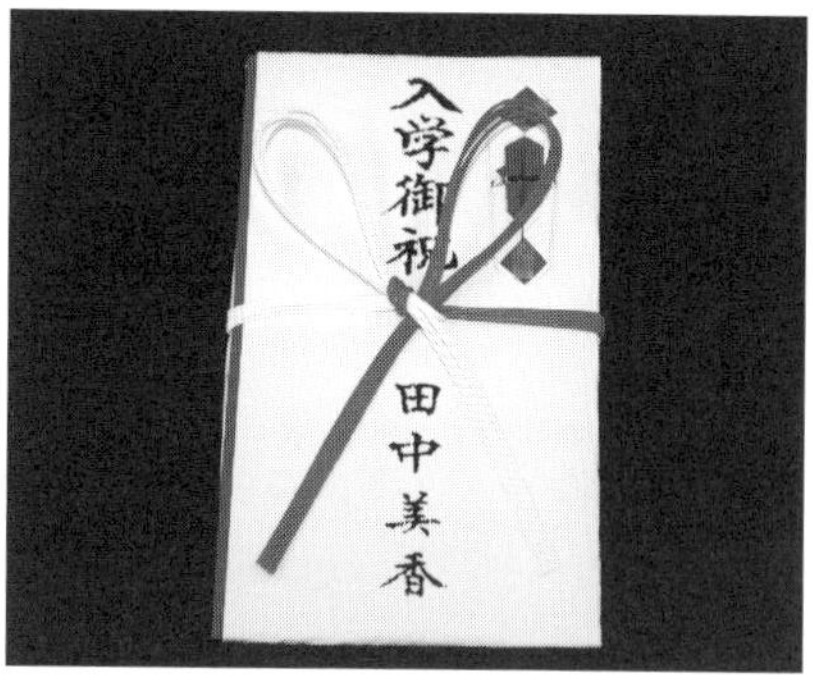

1.

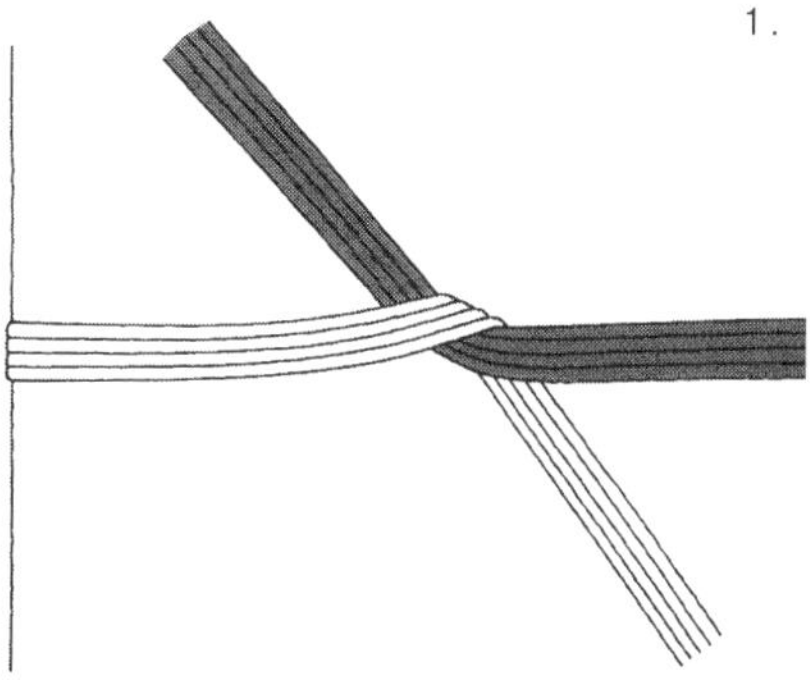

2.

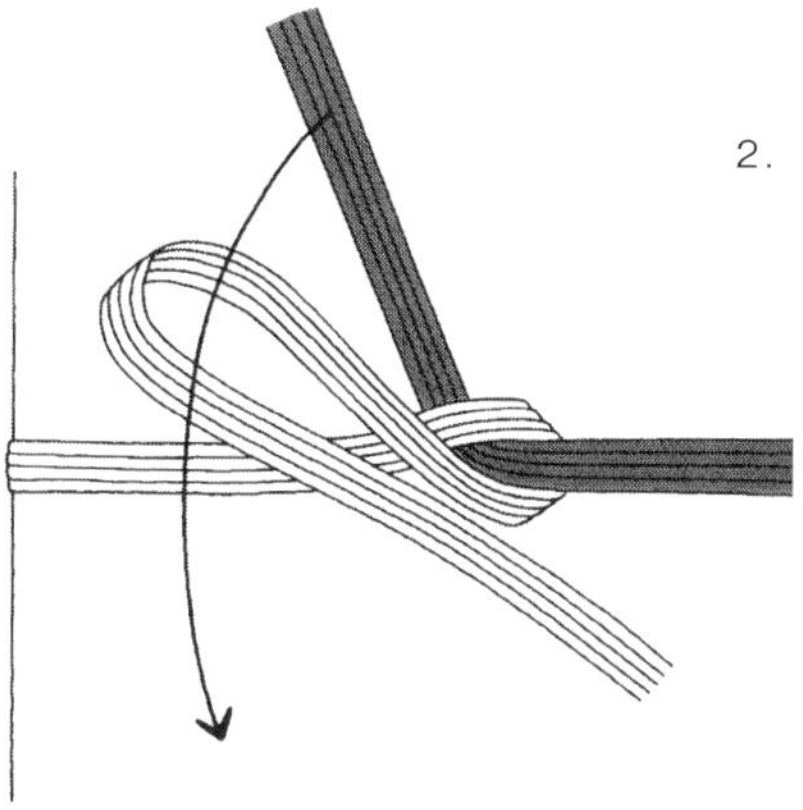

3.

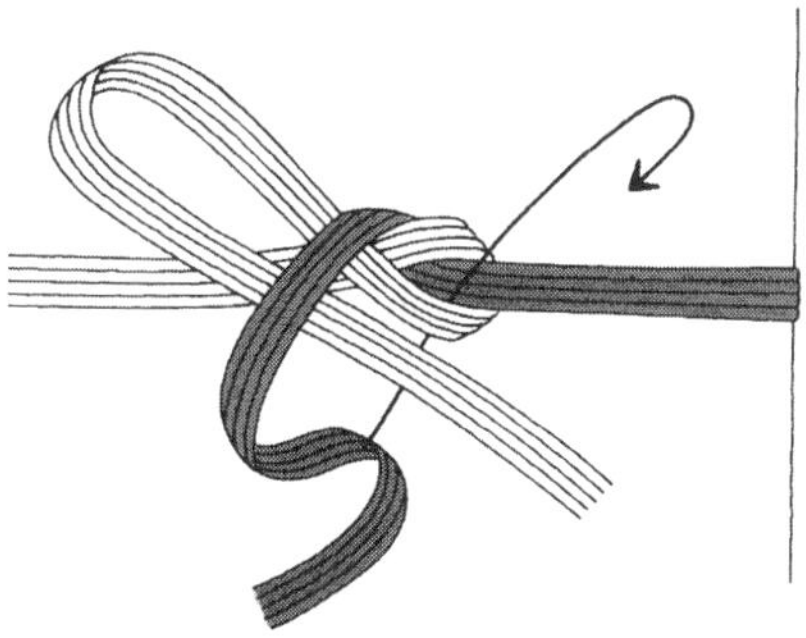

4.陽《よう》の結び

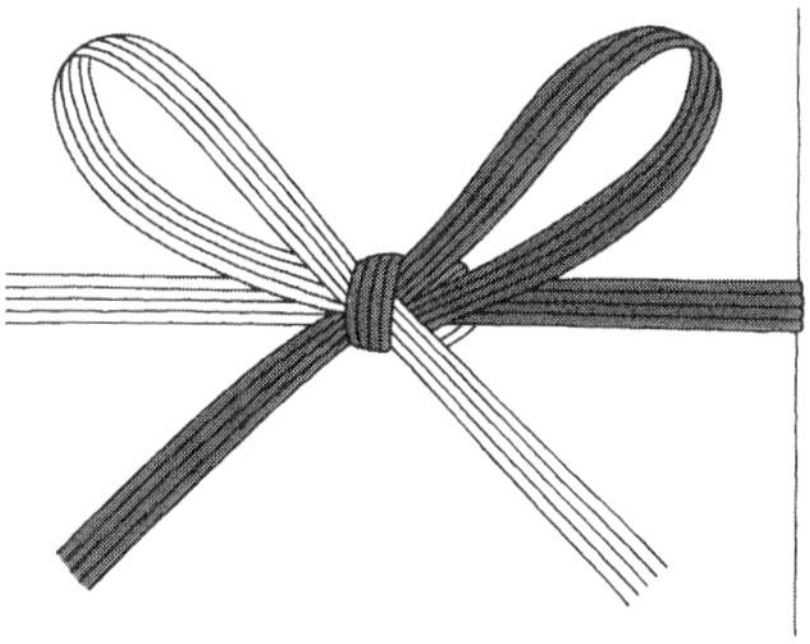

5.陰《いん》の結び

コラム　避《さ》けていただきたいことば遣《づか》い

避けていただきたいことば遣《づか》い、さらには電話で相手とお話する際に気をつけるべきポイントもご紹介したいと思います。

●〜ほう

「資料のほうをお送りいたします」「お荷物のほうをお預かりいたします」など、「ほう」をお使いになる方が増えていますが、好ましくありません。

「ほう」は方向、選択や比較するものがある場合に用いる表現です。

●的

「私的には」と、「的」を用いることは曖昧な表現で違和感を覚えます。

「私は」あるいは「私といたしましては」と表現いたしましょう。

●やっぱ、すごく、やばい、まじ、でかい、うまい

特に女性の方は、このような表現をすることで瞬時に品格を損ないます。

自分では気づかないうちに使っていることがありますので、注意いたしましょう。

［電話に関して注意すること］

電話をかける時間

朝の早い時間帯や夜10時以降に電話をかけることは控えます。

●受話器を置くときの心得

話が終わった瞬間に受話器を置く、あるいは電話を切ることは望ましくありません。

最後まで相手の方を大切に思う気持ちを忘れずに、数秒おいてから電話を切りましょう。お辞儀の残心（12ページ参照）が受話器を置くときにも欠かせないのです。

電話は電話をかける側から切ることが基本とされますが、こちらから電話をかける場合、電話を受ける場合、どちらも同様です。

［携帯電話、Eメールなどに関して注意すること］

●携帯電話を使用する環境

重要なことやプライベートに関することなどについて会話を交わすときに、周囲が騒がしいと相手の方は話の内容が他者の耳に入る可能性を心配なさる可能性があります。

会話の内容によっては、できるだけ静かな場所を選びましょう。

●電子メール、SNS（ソーシャル・ネットワーキング・サービス）などを送信する時間

電子メールやSNSなどを受信する際、相手の携帯電話の着信音が鳴る可能性を考慮し、電話をかけるときと同様に時間帯を考えて送信しましょう。

●携帯電話の扱い

歩いているとき、公共の乗り物に乗っているときなど、携帯電話に気をとられて周囲に迷惑をかけてしまう、あるいは危険が生じることのないように注意が必要です。

また食事中に携帯電話をテーブルの上に置くこと、携帯電話の画面を確認することは同席者に失礼であると心得ましょう。

緊急で連絡が入る可能性がある場合は、「誠に恐縮でございますが、緊急の連絡が入る可能性があり、携帯電話を確認する際にはご容赦ください」などの断りを事前にお伝えする配慮も大切です。

おわりに

あるカフェでコーヒーを飲んでいたときのことです。お隣のテーブルには、一組の親子が座っていらっしゃいました。お子様は何度もお母様のそばへ寄り、話しかけていましたが、お母様はスマートフォンの画面をご覧になったまま、ほとんどお子様へ視線を向けることはありませんでした。この風景が驚きとはいえないほど、昨今《さっこん》は親子の関係が変化してしまっていると思える機会が増えていることが残念でしかたありません。

また、電子メールすら省略され、SNS(ソーシャル・ネットワーキング・サービス)が用いられる風潮が高まっています。気軽に連絡を取り合う、あるいは写真を送るなどという点では大変便利で、私も使用することがあります。しかし、フェイスブック、ツイッター、LINE(ライン)、インスタグラムなどで人間関係を円滑にすることはできるのでしょうか。

便利さばかりが追求されると、一方では「こころ」が薄らいでしまう危険性が否《いな》めません。特にご家庭においては、日々の会話のなかで愛情を伝えることにより、お子様の精神を安定させ、平穏をもたらすことでしょう。お仕事をお持ちのお父様、お母様におかれましては、決してお子様と共有する時間の長さが重要なのではなく、「何よりもお子様が大切な存在である」、と発信し続けることが欠かせないと思うのです。

かぎられた時間であっても、こころの交流は行えるものです。親御様、お子様が本書を通じて、こころの交流をはかっていただく一助に、さらには、先人たちが築き、伝えてきた日本文化の「こころ」と「かたち」をご家庭で深めていただくきっかけとなりましたら光栄に存じます。

淡交社の滝井真智子様、加納慎太郎様、イラストレーターの秋葉あきこ様、デザイナーの岡本健様、その他関係者の皆様、上梓に至るまで多大なるお力添えを賜りましたことを深謝いたします。

読者の皆様ならびにご家族の方々のご健勝とご多幸をこころよりお祈り申しあげます。

平成31年2月吉日

小笠原敬承斎

小笠原 敬承斎（おがさわら・けいしょうさい）
［小笠原流礼法宗家］

東京都に生まれる。小笠原忠統前宗家（小笠原惣領家32世主・平成8年没）の実姉・小笠原日英門跡の真孫。聖心女子学院卒業後、副宗家を経て、平成8年に小笠原流礼法宗家に就任。約700年の伝統を誇る小笠原流礼法初の女性宗家となり、注目を集める。

伝書に基づいた確かな知識で門下の指導にあたり、さらには各地での講演や執筆活動を行っている。曾祖父によって建てられた小笠原伯爵邸（東京都新宿区）内にて小笠原流礼法宗家本部直営教室を開講するとともに、多くの企業、学校、各種団体からの依頼により、小笠原流礼法を取り入れたビジネスマナー接客研修・セミナーおよび冠婚葬祭やもてなしなどに関する講演を行うなど、現代生活に即した礼法の普及に努めている。

主な著書
『外国人に正しく伝えたい日本の礼儀作法』（光文社／2019年）
『日本人のこころとかたち』（淡交社／2017年）
『武家の躾　子どもの礼儀作法』（光文社／2016年）
『伯爵家のしきたり』（幻冬舎／2014年）
『暦のたしなみ』（ワニブックス／2013年）
『見てまなぶ　日本人のふるまい』（淡交社／2011年）
『誰も教えてくれない　男の礼儀作法』（光文社／2010年）
『イラストでわかる　礼儀作法　基本テキスト』（日本能率協会マネジメントセンター／2009年）
他、多数

■小笠原流礼法ウェブサイト
http://www.ogasawararyu-reihou.com

■小笠原敬承斎公式ブログ「素敵の出会い」
https://ogasawararyu-reihou.com/blog

カバーイラスト　秋葉あきこ

本文イラスト　秋葉あきこ
徳永暁美

ブックデザイン　岡本 健、山中桃子（岡本健デザイン事務所）
DTP　徳永暁美

親子でまなぶ礼儀と作法

2019年3月16日　初版発行

著　者　小笠原敬承斎
発行者　納屋嘉人
発行所　株式会社 淡交社
本社　〒603-8588　京都市北区堀川通鞍馬口上ル
営業　075-432-5151　編集　075-432-5161
支社　〒162-0061　東京都新宿区市谷柳町39-1
営業　03-5269-7941　編集　03-5269-1691
www.tankosha.co.jp
印刷・製本　シナノ書籍印刷株式会社

ISBN978-4-473-04289-7
定価はカバーに表示してあります。
落丁・乱丁本がございましたら、小社「出版営業部」宛にお送りください。送料小社負担にてお取り替えいたします。